10 MINDFRAMES
FOR VISIBLE LEARNING

可见的学习

十个心智框架

[新西兰] 约翰·哈蒂 (John Hattie)
[德] 克劳斯·齐雷尔 (Klaus Zierer)　著

彭正梅　陈雨萌　施芳婷 等 译

教育科学出版社
·北京·

出 版 人　郑豪杰
责任编辑　翁绮睿
版式设计　郝晓红
责任校对　翁婷婷
责任印制　叶小峰

图书在版编目（CIP）数据

可见的学习：十个心智框架 ／（新西兰）约翰·哈蒂（John Hattie），（德）克劳斯·齐雷尔（Klaus Zierer）著；彭正梅等译. — 北京：教育科学出版社，2022.6（2022.12 重印）
书名原文：10 Mindframes for Visible Learning
ISBN 978-7-5191-2980-4

Ⅰ. ①可… Ⅱ. ①约… ②克… ③彭… Ⅲ. ①教育心理学②学习心理学 Ⅳ. ① G44

中国版本图书馆 CIP 数据核字（2022）第 028757 号

北京市版权局著作权合同登记　图字：01-2021-6155 号

可见的学习：十个心智框架
KEJIAN DE XUEXI: SHIGE XINZHI KUANGJIA

出版发行	教育科学出版社			
社　　址	北京·朝阳区安慧北里安园甲 9 号	**邮　　编**	100101	
总编室电话	010-64981290	**编辑部电话**	010-64981167	
出版部电话	010-64989487	**市场部电话**	010-64989009	
传　　真	010-64891796	**网　　址**	http://www.esph.com.cn	
经　　销	各地新华书店			
制　　作	北京浪波湾图文设计有限公司			
印　　刷	三河市兴达印务有限公司			
开　　本	720 毫米 × 1020 毫米　1/16	**版　　次**	2022 年 6 月第 1 版	
印　　张	12.25	**印　　次**	2022 年 12 月第 2 次印刷	
字　　数	203 千	**定　　价**	39.00 元	

译者前言

在过去一个世纪中，教师形象发生的最重大变迁是从"台上的圣哲"（sage-on-the-stage）到"身边的向导"（guide-on-the-side）。"台上的圣哲"使我们很容易联想到孔子或苏格拉底的形象：他拥有知识和权威，无私地将知识传授给学生。学生被假设成一个空洞的容器，只需要被动地接受和记忆这些信息，然后在考试中不假思索地把它们重现出来。这种知识传递的教育模式受到现代教育理论的极大批判，甚至早在约翰·杜威（John Dewey）在芝加哥实验学校开展进步主义教育的时期就已经被批评为过时和无效的。因为在现代社会中，人们期望每个人都能够独立思考，能够提出和解决复杂问题，成为知识的创造者，而非复制知识的机器。

在现代建构主义的学习观中，知识无法以文字、言语或其他形式从一个人完整地传递给另一个人；相反，知识是一种只能发生在学习者头脑中的理解状态，是由学习者自己建构或者再建构的。学生利用他们已有的知识和经验去理解新的材料，并使它们之间产生新的联系；当学生以有意义的方式积极地重建知识时，他们更可能牢固地习得并灵活地运用它们。这种学习观意味着教师形象的重大转向：教师不再是高高在上的形象，而是成为学生"身边的向导"；他们习惯于把自己"隐藏"起来，把学习的主动权交还给学生；他们扮演协调者的角色，只在有必要的时候提供引导、资源和帮助。

虽然教师形象从"台上的圣哲"到"身边的向导"的转变，促使教学的聚光灯从教师转向学生——这是一种非常有益的改变，但问题在于，有大量实证证据表明，学生并没有因为这种转变而获得更好的学习结果。其中可能的原因，一是让学生通过独立探究和问题解决来学习会耗费大量时间，但课堂学习的时间是有限的，学习的效率和总量都会因此被降低；二是从权威处获得信息并不像我们想象的是一个完全被动的过程，学习者的大脑仍然参与了积极的建构，而且"站在巨人的肩上"能够看得更远；三是教师的角色和责任被削弱，人们通常期望学生能够成为一个完全自律、自我导向的积极学习者，而教师淡出学习场景，但不幸的是，对大部分学生而言，这是一个很遥远的目标，很多学生在缺乏教师督促的情况下很难把控自己的学习。

对此，一些研究者尝试探索一种新的教师形象。有学者指出，建构主义是一种学的理论，而不是一种教的理论，学生的学习是一个主动建构的过程，但这并不意味着教师应该完全放手让学生自己去建构知识和理解（王小明，2013）。也有学者认为，教育是一种主体间的指导学习过程，在这一过程中，教育者和受教育者都是主体（冯建军，2013）。有学者认为，教师应该具有提升"育人价值"的视野与研究能力（李政涛，2019）。也有学者指出，为了推动数字时代的教师专业发展，应该倡导教师兼具专业化与数字化的胜任力（郑旭东，马云飞，岳婷燕，2021）。有学者通过梳理国外优秀教师认定标准及评奖遴选条件，归纳出优秀教师具有扎实学识和多元化能力、有仁爱和兼爱之心、起到引领示范作用、受到广泛认可、有业绩和贡献等特征（康玥媛，2019）。这些研究者试图从不同的角度来重构教师的新形象，更加强调教师的积极作用。

约翰·哈蒂（John Hattie）与克劳斯·齐雷尔（Klaus Zierer）在本书中，基于海量的实证证据，也对教师形象进行了新的探讨。"可见的学习"是哈蒂进行的一系列具有世界影响力的循证研究成果，其在 2009 年出版的《可见的学习：对 800 多项关于学业成就的元分析的综合报告》被《泰晤士报教育副刊》称为发现了"教学的圣杯"，在世界教育改革讨论中产生了轰动性的影响（彭正梅，2015）。按照"可见的学习"的系列研究，影响学生成绩的最重要因素是教师如何看待学习与他们自己的角色；超过 0.4 效应量的"关节点"的卓越教师是存在的，他们就在我们的身边；这些卓越教师的形象就体现在本书所呈现的有证据基础的 10 个心智框架之中。

本文将指出，这样一种框架，与我国古代教育学经典《学记》中的教师心智框架存在着惊人的一致性和张力关系，并且，两者都显示了某种超越"台上的圣哲"和"身边的向导"的教师形象。

一、卓越教师的 10 个心智框架

（一）教师作为其影响力的评价者

哈蒂提出的第一种教师形象是"影响力的评价者"。"可见的学习"传达了一个重要信息——与教师相关的因素对学生学业成就的影响最大，并呼吁教师"认识你自己的影响力！"（Know thy impact!）（彭正梅，伍绍杨，邓莉，2019）。教师的影响力不仅仅意味着学生取得高学业成就，而是体现在他能为学生带来多方面的真正改变和进步，包括促进学生认知能力的发展，激发学生的学习动机、积极态度和良好品质，增强学生对社会或群体的归属感等。具体而言，这一教师形象包含以下三个心智框架。

1. 我评价自己对学生学习的影响力

这一心智框架的实证基础包括形成性评价（效应量为 0.48）[①] 和干预反应法（效应量为 1.29）。这些策略十分有效的原因，是教师不断地评估和反思自己的教学行为，从学生的视角看待自己，系统地理解自己对学生的影响，并根据这种见解调整自己的策略。它要求教师将教学活动结构化成一种"诊断 – 干预 – 评价"（Diagnosis，Intervention，Evaluation，DIE）的循环模式，即诊断学生的现有水平，采取最有可能产生效果的干预措施，最后评估这些措施是否起作用，以决定是延续原先的措施还是"改弦易辙"。

2. 我运用评估结果指导下一步行动

这一心智框架的实证基础是评价与反思（效应量为 0.75）。评估可以是教师用来检验学生学习进展的任务、工作单或作业，也可以是单元测试、考试或者全国性学业评估。这一心智框架强调，教师需要转变对评估、考试和分数的观念，即它们并非学习的终结，从评估中获取的信息可以作为设计下一个学习周期的出发点：一是判断学生处于何种学习水平、运用了哪些学习策略和产生了何种效果；二是分析教学过程，考察教学的目标设定、内容、方法和媒介是否适合。这也是"为教而评"这一理念的来源。

3. 我与同事和学生合作，确定什么是进步和影响力

这一心智框架的实证基础包括集体效能感（效应量为 1.57）、微格教学 / 课堂录像分析（效应量为 0.88）、专业发展（效应量为 0.41）。这些因素的共同点在于教育者之间的合作，比如集体备课、教学观摩和点评、分享教学材料和教案、共同讨论学生的学习进展、提出批判性的建议。教师同事间的合作与沟通构成了发展教育专长、形成教学判断力的最重要方面。这一心智框架的挑战在于，学校、教室和教师办公室需要形成一种高度信任和允许犯错的文化和氛围，使所有人都敢于将自己的表现和意见呈现在他人的面前。

---

① 本文所引用的影响因素效应量，以哈蒂 2018 年 3 月公开的影响因素效应量列表为依据，与本书正文中报告的效应量不尽一致。哈蒂仍在不断增加元分析的数量，效应量也会不断发生变化。

（二）教师作为学习的激活者

第二种教师形象是"学习的激活者"，激发学生对学习的热情、内在动机和成长心态（彭正梅，伍绍杨，邓莉，2019）。毫无疑问，学习是需要付出努力和消耗认知资源的，这意味着在学校里或者课堂上，并不是每个学生都能投入学习、敢于面对那些超出他们当前水平的学习任务。因此，激活者的角色要求教师设法激励和帮助学生以积极的心态开启学习之旅，走上正确的轨道。作为前提，教师本身应对学生和教育专业持有积极的态度，并将这样一种热忱传递给学生，从而营造一个最有可能激发学习者潜能的适宜的学习环境。具体而言，这一教师形象包含以下两个心智框架。

4. 我驱动变革，相信所有学生都能进步

这一心智框架的实证基础包括自我效能感（效应量为 0.92）、深层动机（效应量为 0.69）、自我概念（效应量为 0.41）、不给学生贴标签（效应量为 0.61）。这些因素都表明，学生如何看待自己和他们的学习会极大地影响学业成就，但问题在于教师能否改变学生身上的这些特质。这一心智框架强调的是，教师首先要相信自己能够带来真正的改变——他们有能力教会学生在遇到挫折时调用成长型思维，有能力在恰当的时机运用有效的策略激发学习者的内在动机。一种结构化的方法是运用所谓的 ARCS 模型，即集中注意力（attention）、产生关联性（relevance）、发展自信心（confidence）、增强满足感（satisfaction）。

5. 我乐于迎接挑战，而不仅仅是"尽力而为"

这一心智框架的实证基础包括目标（效应量为 0.68）、教师清晰度（效应量为 0.75）、加速学习（效应量为 0.68）、无聊（效应量为 -0.49）。这些因素都突出了向学生提供清晰和有挑战性的学习目标和内容的重要性。当学生清晰地知道目标和他们朝目标的进展情况时，当学生感知到任务挑战性与其自身能力之间保持平衡时，他就更有可能进入心流的状态，即全身心地投入学习，并从学习中获得持久和深刻的快乐，这种状态是使学生长时间保持求知欲和毅力的关键。这一心智框架强调教师能够根据学生的学习水平，设计有挑战性的学习任务和内容，使学习目标落在学生的最近发展区上。

（三）教师作为适应性学习专家和更有能力的他者

第三种教师形象是"适应性学习专家和更有能力的他者"，这包括两层含义：一是教师在特定的领域或主题方面比学生拥有更多知识、经验或能力，知

道学习内容的难易程度和最佳的学习路径，因此能够向学生提供必要的支架和指导；二是教师理解学习的规律，拥有一个关于教学与学习的策略工具箱，当学生陷入困难或停滞时，他能够运用恰当的策略帮助学生突破瓶颈，而当学生进展顺利时，他能够让学生独立探索和承担更多学习的责任。具体而言，这一教师形象包含以下五个心智框架。

6. 我给予学生反馈并帮助他们理解，我解读学生的反馈并以此作为行动依据

这一心智框架的实证基础包括反馈（效应量为 0.70）、提问（效应量为 0.48）、元认知策略（效应量为 0.60）。它强调教师有意识地将反馈融入教学的重要性，同时反馈被理解为一个双向的过程：一方面，教师要根据学生的学习水平，适当地提供任务、过程和自我调节层面上的反馈，并帮助学生理解反馈；另一方面，教师也通过聆听学生的评论和观察他们的行为，获取关于自身的反馈，比如课程是否成功、教学策略是否有效。这种双向的反馈能够发挥一种校准的作用，使错误和误解转化成学习的机会。

7. 我同样多地运用对话与独白

这一心智框架的实证基础包括直接教学（效应量为 0.60）、课堂讨论（效应量为 0.82）、合作学习（效应量为 0.55）、小组学习（效应量为 0.47）。这里强调的是合作学习与直接教学同等重要，关键在于如何富有成效地实施它们，以及如何维持均衡的比例。对于大多数确定的知识和技能，教师的示范和讲解会是更高效的教学方法；当学生掌握足够多的表层知识，尝试在复杂的概念之间建立联系和探索创造性的新观点时，对话和讨论就更加重要。

8. 我从一开始就清晰地告诉学生成功标准是什么

这一心智框架的实证基础包括样例（效应量为 0.37）、掌握学习（效应量为 0.57）。教师需要不断阐明学习成功意味着达到哪些标准或做到哪些事情，只有当学生有明确的目标和努力方向时，成功的学习才会发生。比如，教师可以使用样例，向学生展示最终的学习成果，与学生讨论它们具有哪些特征，让学生能够通过观察和模仿进行学习。掌握学习则是将复杂的知识或技能分解成若干步骤，确保学生达到特定的掌握水平，再进入下一个步骤的学习。

9. 我建立关系和信任，使学习发生在允许犯错和相互学习的环境中

这一心智框架的实证基础包括师生关系（效应量为 0.52）、教师期望（效应量为 0.43）、教师可信度（效应量为 0.90）。这些因素都强调在教学过程中非认知性的人际关系的重要性。当学生信任、认同和尊重某位教师时，他就更有可能视其为榜样，向其学习。当教师在与学生的互动中充满激情，表现出他对所教学科和教育的热爱时，就更有可能感染学生，使学生形成一种主观规范。值得注意的是，最有利的师生关系是权威型的，其特征是高亲密度、高控制性，教师抱有高期望，但愿意与学生协商。这样的关系有助于创造一种公平和可预测的环境，在这种环境中，犯错、求助、冒险以及与他人合作会被视为学习过程的自然组成部分。

10. 我关注学习如何发生，让学生也理解学习

这一心智框架的实证基础包括皮亚杰项目（效应量为 1.28）、先前成就（效应量为 0.55）、绘制概念图（效应量为 0.64）。在某种意义上，只有知道学习是如何发生的，我们才会知道如何教学。因此，这一心智框架强调的是教师对学习规律本身的理解，知道哪些因素会对学习产生影响，以及其中的机制是什么。这有助于教师根据学生的具体情况，从策略工具箱中挑选合适的方法去支持学生，并且排除学习环境中无关因素的干扰。在这一过程中，教师也在将学习的语言传递给学生，使他们逐步拥有自主的适应性学习能力。

纵观上述，这 10 个心智框架更多针对的是教学方法，而不是学习方法，体现了一种新的强调教师教育专长的教师形象。与哈蒂之前的成果相比，这个框架更具有简约性和系统性，对所有致力于专业成长并借以提升学生学业成就的教师以及领导者具有重要参考价值。实证数据也支持了这一观点。当然，哈蒂反复地强调，这些框架必须被系统地而不是孤立地看待。

本书最大的意义就在于其实践上的可操作性。澳大利亚开展的"创新学习环境与教师变革"项目通过在不同州实践这 10 个心智框架，探讨改变教师的心智框架能否释放创新学习环境的潜力。调查分析发现，随着学习环境的开放，教师的心智框架变得更加积极（Imms et al.，2017）。这表明教师对他们的教学实践和角色是深思熟虑的，让教师认识到学习环境中需要的内容和教学知识，他们就可能做出对学生学习产生积极影响的决定。尽管教师们认为学生学习的成功和失败取决于教师做了什么或没有做什么，但一些教师承认，大环境限制了他们能做什么（Mahat et al.，2018）。这说明，教师的作用并不仅仅依赖于教师个人的信念，而是需要集体，甚至整个社会的发展和思考。

二、《学记》中关于理想教师的 10 个心智框架

《学记》被认为是中国古代教育学的雏形。《学记》的研究者群体经历了从训诂注疏和义理阐释，到教育救国和学科学术的变化（孙杰，2021），甚至还关注到了其知识组织学的特征（刘庆昌，2021）。《学记》中的教学思想和教师形象也被很多研究者和实践者不断地讨论：《学记》最具意义的就是提出了一系列教育原则和教学方法，表现在"教学相长""学不躐等""长善救失""豫时孙摩""藏息相辅"与"启发诱导"这六个方面（郭晓东，2017）；《学记》中对理想教师有着四点要求，即一要有深厚的学养，二要发扬学生长处，三要善于引导、鼓励和启发，四要表达中肯、语言得当（吴默闻，2018）；教师"善喻""博喻"的育人能力主要体现在教师"道而弗牵，强而弗抑，开而弗达"，从而彰显教师循循善诱而不是强制灌输的实践智慧（张铭凯，王潇晨，2021）。

研究者相信，《学记》所提出的理想教师形象，能为今日的教师队伍建设带来古老的智慧启迪。实际上，作为我国年代最为古老、流传范围最广的教育经典文本，《学记》提出的教学思想与理想教师形象，几乎构成了中国教师集体无意识的教学信念。为了对应哈蒂的框架，这里拟从 10 个方面，以第一人称讨论《学记》中有关理想教师的信念。

1. 我相信，我的教学关乎天下兴亡

教育和教学是建国君民、化民成俗的大事，系及天下兴亡。因此，教师的地位也是崇高威严的，即使天子也不可以以臣子待之。"能为师"是官员乃至君王的基本素养（"能为师然后能为长，能为长然后能为君。故师也者，所以学为君也"）。这里的逻辑是"师严然后道尊，道尊然后民知敬学"，而"民知敬学"，就可以"建国君民、化民成俗"了。这一"修己安人，修己以安天下"的思想，被《大学》更为清晰地表述为"修身齐家治国平天下"。其"天下兴亡，匹夫有责"的宏大逻辑，构成了理想教师深层的良心和责任。这种官师一体的传统形象，至今仍然体现在我们对教育的政治功能的重视上。

2. 我相信，教学需要管理和纪律保障

教学是一种发生在特殊的场所（塾、序、庠、学）的实践活动。它有着自己的基本制度和原则，例如"大学"的"教之大伦"：要有隆重开始（"示敬道"），要兴发志向（"官其始"），要重视学业（"孙其业"），要显示警戒威严（"收其威"），要给予学生学习、自修和自主思考的空间（"游其志，存其

心"），要有自己的渐进次序（"学不躐等"）。教学不是没有边界的学生自由活动，它必须有管理、纪律甚至惩戒的支持。从国际学生评价项目（PISA）比较的角度来看，我国班级的纪律氛围对学业成就有着积极的正向作用，纪律氛围的形成，有助于全体学生良好行为规范的养成（宁波，2016）。

3. 我相信，教师要了解"至学"之难易及学生的资材和准备性

教学以内容为先，所谓传道授业。教师在古代被称为教"书"先生。对教学内容（如儒家的经典），教师自己首先要有深刻的认识和领会，并体现在自己的言行上。学养深厚，道德方正，是教师根本特征和教育专长的体现，而"记问之学，不足以为人师"。因此，对于所教内容，教师要能够确定什么是表层学习，什么是深度学习，什么是迁移学习。只有当教师成为评价者，有能力设计不同层阶的评价任务，并在教学上自由地往来于不同层阶时，学生才可能产生真正的不同层阶的有效学习（彭正梅，2021）。

教师必须"知至学之难易"，能够确定所教内容的条理性和层次性。因为这样才能判断自己的教学是否成功，才能判断学生所在的位置和准备性。例如，如果教师教高二数学，那么他必须了解高一和高三的数学内容；否则，他就不能诊断学习困难者的问题所在，不能确定学习成功者的未来进展。

《学记》强调教师不仅要知"至学之难易"，还要了解学习者的资材和准备性，这样才能确定教学的多寡、难易和进程。反之，不顾学生是否理解地追求进度，不能"长其善而救其失"，即所谓"进而不顾其安，使人不由其诚，教人不尽其材"。教师要有"听语"的能力，即根据学生的问题来进行讲解，否则会导致"至学"的衰微，也使学生怨恨其师。

4. 我相信，能"博喻"者才能为良师

"君子知至学之难易，而知其美恶，然后能博喻。"这里的"博喻"，是指教师能够根据"至学之难易"，以及学习者的资材和准备水平来施教，做到"道而弗牵，强而弗抑，开而弗达"。这意味着，教学就是寻找学生现有水平和学习目标之间的最近发展区（维果茨基），使教学任务既不过于简单，也不过于艰难，而是具有恰当的挑战性。因此，善于教学的老师"如攻坚木，先其易者，后其节目"。这样才能做到师生关系融洽，学生既感到学习容易，又能独立思考（"和易以思"）。

这里的"博喻"也就是《学记》后文所说的"比物丑类"，即连缀同类事物，进行类比、比较和归纳。《荀子·劝学》中也有这种"博喻"，例如，"骐

骥一跃，不能十步；驽马十驾，功在不舍"，"蚓无爪牙之利，筋骨之强，上食埃土，下饮黄泉，用心一也；蟹六跪而二螯，非蛇鳝之穴无可寄托者，用心躁也"。

5. 我相信，学习和教学需要合作观摩

《学记》认为"独学而无友，则孤陋而寡闻"，因此，在表述学习的"小成"和"大成"时，《学记》强调要考核学习者在"敬业乐群""论学取友"以及"知类通达"方面的表现。这对教师也一样。教师可以通过"观摩"来提升自己的教学能力。当然，《学记》也指出，不好的交往会导致教学的失败，即所谓的"燕朋逆其师，燕辟废其学"。

6. 我相信，教师要了解自己的教学效果

《学记》反复指出，教师要不断地评估自己的教学效果，从而了解教之所由兴，教之所由废，学之所由失（彭正梅，2013a）。否则，教学事倍功半。学生即使勉强毕业，也很快忘记所学。这说明，评价是教学的基本组成部分。当然，这种评价需要符合教学规律和学习规律，不可频繁使用。《学记》指出，即使天子、诸侯也不可以随便进入学校督察。这种对评价的克制态度，也体现了《学记》的另一个思想，即让学生有空间自主学习。

7. 我相信，学生须有空间去自我思考和修炼

《学记》重视教师的教学和评价，但同时强调教学要给学生"游其志"的空间。"大学"教育的目的是使学生做到义理通达、独立独行、不违师教。但这不仅仅是通过教师的教学和评价来达到的，而是学生在自由的空间里，通过自己的思考和修炼达到的。这个自由空间不仅仅是学校之外的空间。

《学记》指出，教学失败的原因之一就在于教师反复唠叨、反复询问、频繁解释和追赶进度（"呻其占毕，多其讯言，及于数进而不顾其安"）。因此，教师在教学的时候要留白，要让学生自己思考，要多观察，少喋喋不休，少叮咛告诫，让学生自己站稳脚跟，甚至在错误中学习。《学记》甚至强调教师如钟，不叩不鸣，"叩之以小者则小鸣，叩之以大者则大鸣"。只有在学生"力不能问"的情况下，才去帮助他、告诉他，而且，如果告诉他，学生还不懂，可以暂时放一放，不必做强行要求。不恰当、不必要的帮助，会压抑学生自己的思考和责任，使之对教师产生不恰当的依赖。教师的目的是使学生自立（"虽离师辅而不反也"）。

8. 我相信，课后作业和练习是教学的基本组成部分

教学需要有作业和练习，必须把正式学习和非正式学习结合起来（彭正梅，

顾娟，王清涛，2021）。学校教学时必须有"正业"，学校教学之外必有"居学"。如果不在学校学习时间之外学习比兴之法，课内就不能真正以诗明志。只有把"正业"修习和"居学"玩弄杂艺结合起来（"藏焉修焉，息焉游焉"），学习者才能"安其学而亲其师，乐其友而信其道"。这种藏息相辅的做法，逐渐演化为布置课后作业的教育传统。这说明，学习者的学习成功还取决于学习者自己的课下操心修炼，取决于学习者自己的勤奋和努力，因为其学习的目的是脱离教师的帮助，走向独立学习的道路。这也体现了《学记》对于人通过教学和学习的可塑性的信任和雄心（"玉不琢不成器，人不学不知道"）。

9. 我相信，教学具有时机性

教学是一种带有时机性的活动（"当其可之谓时"，"时过然后学，则勤苦而难成"）。赫尔巴特（Johann Friedrich Herbart）称这种时机性为"教育机敏"。它是指教师的教学行动对于情境的恰当性。由于教学对象、内容、媒介和方法处于不断的变动和互动中，因此，教师需要不断对教学情境进行分析，寻求最佳的教学行动。例如，教师要确定学习者的学习问题是否在于学习内容太多或太少、太易或太难，或者结交品行不端之人。教育者必须明察其故，采取不同的方法来应对，而不是一味推进教学进度或一味对学生加以指责和惩罚。因此，每种教学情境都需要不同的方法。《学记》所提出的教之所由兴的"豫时孙摩"四种情况，也都需要教师对情境加以分析和判断，做出最佳选择。

10. 我相信，教师需要不断学习

教学的时机性也表明，教师必须不断地学习，才能每次都做出恰当的教学决定。这种学习不仅包括对教学内容的理解，还包括对不同的学习者、教学方法和媒介及其最佳组合的不断理解和掌握，对舒尔曼（Lee S. Shulman）所说的学科知识和学科教学知识的掌握。但无论如何，教学总会面临困境，教师总要不断学习。"学然后知不足，教然后知困。"这是一种教学相长之道。

因此，"虽有嘉肴，弗食不知其旨也；虽有至道，弗学不知其善也"，对于教师也同样适合。教师不过是处于更高层次的学习者而已。只有坚持不断学习的教师，才会向学习者示范一种追求"止于至善"的学习者形象，才能做到"善教者，使人继其志"。要求学生做到的，自己也要能做到，而且要做得更好。"修道之谓教"，教师的为学之道，对学生来说，构成了教育；学生中学习优秀者的为学之道，也对其他同学构成了教育。因此，学生和教师都处于教和学的两种身份之中。《中庸》中强调"修道之谓教"，这意味着教的根本在于教

育者的修道，且对受教育者来说，教育主要是一种对修道者的模仿（彭正梅，2013b）。因此，教师和学生要不断地相互谈论学习、为学之道以及学习策略。学做圣哲就是为学的志向，这种志的根本在于认识到"大德不官，大道不器，大信不约，大时不齐"。

三、比较和结论

可以看出，这里所归纳的《学记》中10条教师信念，与哈蒂提出的卓越教师的10个心智框架之间，存在高度的相似性。例如，它们都强调教师的教学专长和主导责任，都强调教学评价，都强调教学和学习的合作性，都强调在适当的时机运用合适的策略，以及最终推动学生走向独立。当然，两者之间仍然存在着有意义的差异性。

第一，哈蒂更加强调以评价/反馈为核心的教学，即教师要认识自己的影响力，把评价作为自己教学的改善契机和出发点，寻求每个学生实质性的提升（added value）。哈蒂提出的卓越教师的10个心智框架都建立在对数据（效应量）的计算之上，是一个有证可循的卓越框架。其实施模型就是"诊断–干预–评价"。因此，哈蒂基于证据的框架与《学记》框架的部分相似或重叠，也许证明了《学记》框架是带有一定证据基础的原理。当然，这种证据基础仍然需要通过中国学者自己的研究来证实。

第二，哈蒂的框架给予师生关系更多的重视，强调建构一个允许错误发生的学习环境的重要性。同时，哈蒂的框架还限制了教师独白的数量，并鼓励教师多谈论学习和学习科学。《学记》框架则强调教师的师道尊严，没有触及师生关系的民主性问题。不过，哈蒂框架也强调教师的权威性和师生关系的可信性具有较高的价值。石中英认为，"批评教育活动中的权威主义并不能否定教育活动中教师权威的积极作用，也不能不加分析地一概反对和抛弃教师权威的存在和使用。作为专门的教学人员，教师的权威是自然存在的，从幼儿园一直到大学都是这样，尽管不同阶段教师权威的来源和表现形式不同。在相当的程度上可以说，没有权威，就没有教育关系的建立，也就没有良好的师生关系"（石中英，2009）。

第三，哈蒂框架把自己的视野限制在学校之内，而《学记》框架更加强调教师的社会责任，同时把教学的关注扩展到学生的校外或课后生活。当然，哈蒂并不否认教师的社会责任和天下关怀，而是认为，教师如果不能帮助每个孩子成长，那么这种社会关怀并不是卓越教师的重要特征，也不是其教学低效或教学失败的堂皇借口，教师的责任在于有效的教学。因此，哈蒂不断强调，不要谈论教师的一般性人格特征，而要看他课堂中的学生求助指数（即有多少学生愿意向教师求教）。

第四，令人惊奇的是，这个带有"台上的圣哲"色彩的《学记》框架更加强调学生学习的自主空间，更加强调教学的目的是使学生离开教师支持后的独立性和自主性（"强立不反"）。而令人疑虑的是，哈蒂框架对于不断评估的执念（或称为教学评估的技术主义）可能会把教和学卷入不断的测试之中，从而缩减教学和学习的自主空间。更令人感到讽刺的是，受《学记》框架滋养的当下中国课堂，学生却深陷日测、周测和月考的漩涡之中，几乎没有自主学习空间。而本来测试较少的澳大利亚或美国课堂上，教师却在不断地抱怨他们正在陷入"为考而教"的危险之中。

这两个框架的最大共识在于认为理想教师或卓越教师肯定不是"台上的圣哲"或"身边的向导"。哈蒂框架中教师作为评价者、激活者、适应性学习专家和更有能力的他者，显示了教师已经从"身边的向导"走向了学习过程，甚至走向了学习过程的中心，并带有某种"台上的圣哲"的色彩。"可见的学习"研究用较高的效应量（0.60）否定了之前对直接教学的污名化，从而也捍卫了《学记》框架中强调师道尊严的"台上的圣哲"的有效性。但《学记》框架中的教师形象并不仅仅是"圣哲"，它甚至还是学生"身边的向导"（"君子如钟，不叩不鸣"）。哈蒂框架和《学记》框架中的教师形象也是变化的、时机性的，其致力于培养学习者的独立性、迁移学习和创造力。

也就是说，这两个框架都是为了学生和学生的学习，但教师的角色并不限于某一种或两种。这也意味着，教师形象存在于一端是"台上的圣哲"、另一端是"身边的向导"的宽幅谱系之中。学生的准备水平、任务的层次水平以及情境的特殊性决定了教师的角色选择和表现。古人说："运用之妙，存乎一心。"教师需要对具体情境做具体分析，做恰当决定。

例如，如果任务是要培养学生的创造力，而学生也处于一种创造力培养的合适水平上，那么教师作为"台上的圣哲"或"身边的向导"的形象就是不合适的。因为无论是"台上的圣哲"还是"身边的向导"，都假定了一个固定的或可预测的世界，没有开启新的可能性，这在短期内或许能够赋予学习者力量，但从长期来看，更多是产生一种削弱作用。为了培养富有创造力的学习者，教师需要进一步转变成与学生一同捣鼓未知事物的"共同探究者"（meddler-in-the-middle）。这一教师形象包含着三重意涵：首先，教师卸下了"无所不知"的包袱，表现出一种"有用的无知"（useful ignorance），从而营造出一个充满可能性、敢于冒险的教学空间；其次，当教学不再从教师无所不知的预设出发时，它就可以被理解为价值创造和交换的过程，教师不再传递仅供学生"消费"的信息产品，而是与学生共同参与到文化产品的建构和解构中；最后，教师面临的主要挑战是如何评价学生在共同创造文化产品的过程中所扮演的角色和做出了何种程度的贡献，谁有资格做出这种评价，以及如何保持客观性。因此，对教师作为"共同探究者"的建议是：减少讲授的时间，更多地扮演"有用的无知"的合作者的角色；减少管控风险的时间，更多地扮演实验者和冒险者的角色；减少监督或督促的时间，更多地扮演设计者、编辑和建构者的角色；减少提供咨询或意见的时间，更多地扮演有建设性的评论家和真诚的评估者的角色（McWilliam，2008）。

需要指出的是，这一"共同探究者"的形象对于受《学记》框架浸润的我国教师来说，是一个需要加以学习的新召唤，因为创造力已经成为个体生存、社会繁荣和维持国际竞争优势的重要基础。而且，就我们的文化教育传统来说，这种角色的扭转存在着巨大的困难。对于这一教师形象的重新学习，显然需要教师高度的职业热忱。正如哈蒂和齐雷尔所指出的那样，教师理解为什么去做，要比如何去做和做什么更加重要。这是哈蒂框架和《学记》框架的精神实质。

进而言之，两个框架都强调一种"高热忱，善激励，高影响力"的教师形象。"认识你自己！"是对每个人的呼吁；"认识你自己的影响力"，这是哈蒂框架和《学记》框架对教师、家长、教育领导和教育改革者共同的迫切呼吁。

本书的翻译由陈雨萌、施芳婷、米南、赵魏分工完成初稿，然后由我和伍绍杨进行了校改和订正。

彭正梅
华东师范大学
国际与比较教育研究所
于 2022 年 3 月 12 日

参考文献

冯建军，2013. 回到"人"：世纪之交教育基本理论研究的共同主题 [J]. 基础教育，10 (1): 5–18.

郭晓东，2017.《学记》与中国古代教育之道 [J]. 大学教育科学 (6): 95–99，124.

康玥媛，2019. 国外优秀教师特征及启示：基于国外优秀教师认定标准及评奖条件的研究 [J]. 外国中小学教育 (2): 51–59.

李政涛，2019. 深度开发与转化学科教学的"育人价值"[J]. 课程·教材·教法，39 (3): 55–61，101.

刘庆昌，2021.《学记》文本的知识组织学分析 [J]. 山西大学学报（哲学社会科学版），44 (5): 90–99.

宁波，2016. 课堂纪律对学生学业成绩的影响及干预研究述评 [J]. 外国中小学教育 (6): 18–22，5.

彭正梅，2013a. 论学与兴：被制度化学校教育遗忘的儒家传统 [J]. 江淮论坛 (2): 182–187，175.

彭正梅，2013b. 修道、立教与模仿：现代教师专业发展中被遗忘的儒家传统 [J]. 全球教育展望，42 (12): 41–50.

彭正梅，2015. 寻求教学的"圣杯"：论哈蒂《可见的学习》及教育学的实证倾向 [J]. 教育发展研究 (6): 1–9.

彭正梅，2021. 教师如何评价 21 世纪能力 [J]. 语文学习 (5): 4–8.

彭正梅，顾娟，王清涛，2021. 布因克曼的练习理论及其与儒家练习传统的比较 [J]. 外国教育研究，48 (8): 37–55.

彭正梅，伍绍杨，邓莉，2019. 如何培养高阶能力：哈蒂"可见的学习"的视角 [J]. 教育研究 (5): 76–85.

石中英，2009. 教育中的民主概念：一种批判性考察 [J]. 北京大学教育评论，7 (4): 65–77，189.

孙杰，2021. 论《学记》研究者群体的形成及演变 [J]. 社科纵横，36 (3): 129–136.

王小明，2013. 西方教育心理学对建构主义的评析 [J]. 基础教育，10 (1): 97–102.

吴默闻，2018.《学记》教育思想及其对思想政治理论课教学的启示 [J]. 思想教育研究 (3): 80–83.

张铭凯，王潇晨，2021.《学记》中的教师育人能力及其培育管窥 [J]. 教育科学研究 (6): 88–92.

郑旭东，马云飞，岳婷燕，2021. 持续推动数字时代的教师专业发展：基于挪威教师专业数字胜任力框架的考察 [J]. 比较教育学报 (1): 139–150.

IMMS W, MAHAT M, BYERS T, et al., 2017. Type and use of innovative learning environments[R]. Australasian Schools ILETC Survey No. 1, Melbourne: University of Melbourne.

MAHAT M, BRADBEER C, BYERS T, et al., 2018. Innovative learning environments and teacher change: defining key concepts[R]. Technical Report 3/2018，Melbourne: University of Melbourne.

MCWILLIAM E, 2008. Unlearning how to teach[J]. Innovations in Education and Teaching International, 45(3): 263–269.

目　录

前言：认识我们做事的效果比我们做什么事更为重要

与 50 位老师一起度过的 15000 个小时

我们一生中大约有 15000 个小时是在学校度过的（参见 Rutter et al.，1980）。在这些时间里，大约有 50 位不同的老师教过我们。当我们试图回忆起那些对我们有积极影响的老师时，往往只能想到很少的几位。有些是好老师，有些是不好的老师。对于这两种老师，我们有时能记住他们的名字，也许还记得他们的衣着，或者他们的一些独特的言行举止。那些"改变"了我们的老师，可能用一只手就数得完，但我们可能需要再长出几只手才能历数那些不好的老师。尽管如此，关于这段记忆的好消息是，几乎每个人最后都会遇到一两个好老师。坏消息是，我们在学校里遇到的绝大多数老师都已经被我们从记忆中完全抹去。我们记不得他们的名字、他们所教的科目，什么都不记得了。

为什么有些老师成功地留在我们的记忆中长达数年甚至数十年，而另一些老师却在很短的一段时间后就被遗忘了呢？

让我们仔细想想我们对好老师的记忆。当你想起他们的时候，会想到什么？当我们就这个问题对许多成年人进行调查时，他们主要有三种答案：他们回忆起这些老师带着满腔热忱，让他们受到感染；或者是这些老师在学生身上发现了学生自己都没有觉察到的东西；或者两者兼而有之。你最有可能回忆起来的，是他们如何思考、如何支持你、如何激发你，以及他们所展现出来的热诚。这不太可能是因为他们教了某一门课程，或者他们是否友好，而是因为他们对你产生了影响。

这本书谈论的正是这样的老师，那些在数年乃至数十年间仍然在我们的记忆中散发着光芒的老师。他们是对我们的学习和教育产生了巨大影响的老师——这种影响的作用至今仍然如影随形。这本书的重心是更深入地探讨为什么这些老师会产生这种影响。

西蒙·斯涅克和黄金圈理论

教育专长（educational expertise）和成功的领导力之间有着明显的相似之处。这两种任务都是在发展、思维和行动方面最大限度地激发和鼓励人。2009年，美国励志家、作家西蒙·斯涅克（Simon Sinek）在 TED 大会上发表了题为"伟大的领导者如何激发行动"（How Great Leaders Inspire Action）的演讲。这场演讲在短时间内引发了全球热议，截至 2018 年（本书原著出版于 2018 年——译注）是 TED 网站上观看人数排名第三的视频。在之前的六年里，它的浏览量超过了 2000 万。不久之后，西蒙·斯涅克就出版了《超级激励者》（*Start with Why*, 2009）一书。

乍一看，他的想法似乎简单得令人难以置信："什么""如何"和"为什么"组成的同心圆怎么可以解释成功？只有经过更仔细的审视，我们才能看到这些圆圈所呈现出的关联确实有助于领导力的成功。此外，它们还可以帮助我们更好地理解教育专长。

西蒙·斯涅克认为，可以从三个不同的角度来考虑领导力：第一，它可以从成功的领导者做了"什么"的角度来看。第二，我们可以询问领导者"如何"做他们所做的事情。第三，我们可以问问自己，"为什么"领导者要这么做。为了阐述这个概念，西蒙·斯涅克使用了图 0.1 中的图形，他称之为"黄金圈"（参见 Sinek，2009）。

西蒙·斯涅克的概念所要传递的主要信息是：普通领导者的思维始终在最外圈。他们只会问自己在做"什么"，通常不会想更多。因此，他们没有考虑更重要的问题，那就是他们要"如何"做以及"为什么"要做他们正在做的事情。所以，普通领导者往往看不到他们的实际目标，也就无法完成他们的主要任务，即在发展、思维和行动方面最大限度地激发和鼓励人。那些普通领导者的追随者对外部刺激的反应只是空洞的机械反应，他们无法按照发自内心的信念行事。他们仅仅是在完成工作、采取行动、经营学校，没有考虑对学生的影响。

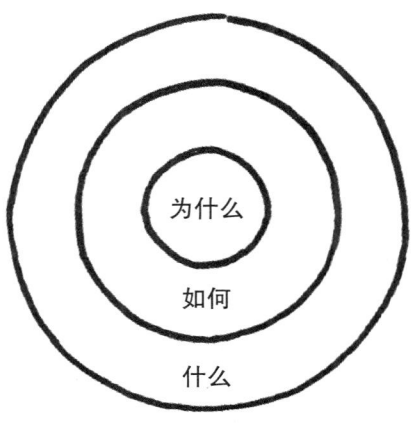

图 0.1　黄金圈理论

　　成功的领导者会采取不同的方法。对他们来说，核心问题是为什么要做某件事。这将他们引向如何做，以及最后要做什么的问题。西蒙·斯涅克用以下观点论述自己的主张：对于成功的领导者来说，重要的不是他们做什么，更重要的是他们如何以及为什么做某件事。因此，他洞悉了成功的奥秘：从内圈开始——问为什么，然后向外发散——问怎么做和做什么。西蒙·斯涅克举了三个例子来说明他的概念：苹果公司、马丁·路德·金（Martin Luther King Jr.）和莱特兄弟（Wright brothers）。

　　苹果公司成功的奥秘是什么？这当然与苹果公司所做的事情毫无关系，因为苹果公司就像许多其他公司一样，制造电脑、平板电脑和手机。此外，如果我们仔细观察这些设备，不得不承认它们并不比竞争对手的好多少——能够藏在口袋里的智能手机可能是一个独特的产品，但绝对算不上胜人一筹。此外，苹果公司的成功与它是怎么做的也没有关系。仔细看看该公司在这方面的记录，我们会看到恰恰相反的事实：低工资、严重污染环境和恶劣的工作条件。因此，苹果公司成功的奥秘必然在于"为什么做"这个问题：如今购买苹果产品的人得到的不仅仅是一个技术设备，他们还得到了一种人生哲学、一种生活方式和一种激情的引导。苹果产品代表一种过上了更好生活的感觉。

　　为什么马丁·路德·金会成为美国黑人民权运动最知名、最有影响力的领袖之一？当然不只是因为他的所作所为。他不是那个时代唯一的人文主义者，他的思想其实是一个更大的社会活动家群体的思想。原因也不在于他是如何做的。毫无疑问，他是一位才华横溢、充满激情的演说家，但即便如此，这也不是使他与其他社会活动家区别开来的关键因素。因此，我们有必要另寻马丁·路德·金成功的原因：他为什么要这么做？1963年8月28日，25万人参与了华盛顿的游行，但他们并没有收到邀请。他们来是因为他们相信马丁·路德·金——不是因为他说了什么或者他是怎么说的，而是因为他为什么这么说。马丁·路德·金对为什么这么做有一个愿景。"我有一个梦想"，这是他不朽的名言，而不是"我有一个计划"。这一天，人们都被马丁·路德·金的演讲打动，他们有相同的价值观，有共同的愿景。他们都相信这一天将改变一切。

1903年12月17日，莱特兄弟成为最早驾驶动力飞机的人。为什么是他们？与其他有相同目标的团队相比，他们的前景非常黯淡：没有资金，没有来自政府的支持，没有权势的人脉，没有受过特殊的教育。塞缪尔·皮尔庞特·兰利（Samuel Pierpont Langley）是他们最著名的竞争对手，在这场争夺飞行先锋桂冠的竞赛中，他享有莱特兄弟所缺乏的所有优势：资金、与政府合作、优质的人脉，甚至还拥有美国海军学院（United States Naval Academy）的教授职位。那么为什么是莱特兄弟成功了呢？两支团队都有高度的积极性，都有一个清晰的目标，并且都非常努力地想要实现它。不同之处既不是运气，也不是出现了有利于莱特兄弟的转折点。不同之处在于初心：兰利的团队想要成为第一个收获名声和荣誉的人，而莱特兄弟被他们自己的愿景驱动，那就是对飞行梦想的信念。驱动兰利团队的是他们想要做的事，而莱特兄弟则专注于他们为什么这样做的问题。

总而言之，苹果公司、马丁·路德·金和莱特兄弟的成功诠释了西蒙·斯涅克的主旨：他们都不是从做什么的问题开始的，而是从为什么要做开始的。他们都有愿景、热忱和信念，而且他们都有能力将它们传达和分享给其他人。

教育者也一样，正是他们的愿景、热忱和信念，使他们能够改善并且确实改善了学生的学习生活。这就是核心问题：教育者为什么要做他们所做的事情。这本书的一个重要主题就是探索教育者如何看待他们的工作。若无其他情况，我们想要把讨论的焦点从我们如何最好地教学，转向我们如何最好地评估教学所带来的影响。后者更直接地反映了教育者成功的核心，以及他们在学校工作的理由，并且对学生的益处最大。

霍华德·加德纳和 3Es 理论

令人惊讶又着迷的是，西蒙·斯涅克基于经验和专长得出的结论与一项实证发现相符。霍华德·加德纳（Howard Gardner）、米哈里·契克森米哈赖（Mihály Csíkszentmihályi）和威廉·戴蒙（William Damon）在 1995 年共同发起了"出色工作项目"（Good Work Project），目标是回答"什么是出色的工作"这个问题。三位研究人员对来自九个不同职业领域的 1200 多人进行了采访，以探讨如何定义这些领域中的职业成功，以及如何识别其中的出色工作。他们通过对大量数据集的分析，归纳出一个看似简单的公式：出色工作的特征是"3Es"。它是卓越（Excellence）、投入（Engagement）和道德（Ethics）的综合。一个成功的员工知道自己在做什么，确保自己完成了工作，并且能够说出他为什么要做这些事情。无论是门卫，还是高级经理：出色的工作都与卓越、投入和道德有关。

为了解释这个观念，让我们思考一个日常生活中的例子。想象一下这样的情景：你在吧台点了一杯咖啡。第一种情况是，服务员在给你上咖啡的时候，以友好和欣赏的方式与你交流，让你感觉你是吧台区受欢迎的客人。第二种情况是，服务员没有和你说话，甚至没有看着你，给你一种不受欢迎的感觉。在这两种情况下，你都喝到了你点的咖啡，所以结果是一样的。但区别在于到底经过怎么样的过程得到了这样的结果。这说明了 3Es 理论的主要信息：工作出色不仅是一个"卓越"的问题——完成工作所必需的知识和能力，而且尤其是一个"投入"的问题——完成工作的动机，还是一个"道德"的问题——与完成某项工作相关的价值观和理由。

xiv

因此，尽管我们最后喝到的咖啡往往是一样的，但端上这杯咖啡的服务行为可能存在不同的质量。其质量主要取决于服务员的卓越、投入和职业道德。当我们讨论西蒙·斯涅克的领导力概念时，我们可能会把卓越与"做什么"联系起来，把投入与"如何做"联系起来，把道德与"为什么做"联系起来。因此，将西蒙·斯涅克的概念与霍华德·加德纳、米哈里·契克森米哈赖和威廉·戴蒙的实证发现结合起来是有可能的。我们同样可以用简单的同心圆来阐述这种关联（见图 0.2）。

图 0.2　3Es 理论

教育专长：能力与心智框架

这里的观点是，教师如何认识他们的任务更为重要。相较于教师在教室（和办公室）里每时每刻所做的决定，教师为什么要这样做更为重要。这一思想建立在激情和热忱对学生具有影响力的基础上。这种激情和热忱通过下面的十个心智框架展现出来。前三个框架与教师影响有关，其后的两个与改变和挑战有关，最后五个与学习焦点有关。

A. 影响

1. 我评价自己对学生学习的影响力。

2. 我运用评估结果指导下一步行动。

3. 我与同事和学生合作，确定什么是进步和影响力。

B. 改变和挑战

4. 我驱动变革，相信所有学生都能进步。

5. 我乐于迎接挑战，而不仅仅是"尽力而为"。

C.学习焦点

6.我给予学生反馈并帮助他们理解，我解读学生的反馈并以此作为行动依据。

7.我同样多地运用对话与独白。

8.我从一开始就清晰地告诉学生成功标准是什么。

9.我建立关系和信任，使学习发生在允许犯错和相互学习的环境中。

10.我关注学习如何发生，让学生也理解学习。

这些心智框架的显著特征是，我们可以引用实证证据来证明那些成功的教师正是由于具备这些心智框架，才会做他们所做之事。与之关系更为密切的，是他们如何思考他们所要做的最重要的事，如何理解自己的影响，以及如何寻求反馈，从而增强自己对学生的积极影响。以这种方式，心智框架就会变得清晰可见。因此，专业教师不仅要回答他们在做什么，而且要回答他们如何以及为什么要做这些事情。

现在，教育专长与西蒙·斯涅克、霍华德·加德纳、米哈里·契克森米哈赖和威廉·戴蒙提出的模型之间的联系已经很清楚了：在学校和教学中，成功行为的关键不仅有知识和能力（即"卓越"和"做什么"的问题），而且有意愿（即"投入"和"如何做"的问题）和判断（即"道德"和"为什么做"的问题）。特别有趣的是，这些方面之间存在一种内在的联系：能力建立在知识的基础上；只有在有意愿这样做的时候，知识才会被提取出来；而且由于想要这样做总有一定的理由，因此意愿又建立在判断的基础上。从这个意义上说，教学活动是一种深层次的道德活动。一个能够运用所需的能力、知识、意愿和判断的教师能够随机应变。如果环境有利，他会如愿取得成功。一旦缺失了某个方面，比如意愿，那么教师就十有八九会失败。图 0.3 以 ACAC 模型（态度、胜任力、行动、情境）的形式总结了这一观点（参见 Zierer，2016a）。

仅有较高的胜任力显然不足以为教育专长奠定基础，仅有即便是最好的心智框架也是如此。重要的是胜任力与心智框架之间形成一种合力。如果我们以这一点来审视那些成功教师的经历，我们会发现，在他们的职业生涯中，心智框架是可以改变的：虽然知识和能力保持相对稳定，但意愿和判断力每天都要经受考验。归根结底，教师的心智框架决定了他们能否在整个职业生涯中胜任成功教学的挑战性任务。

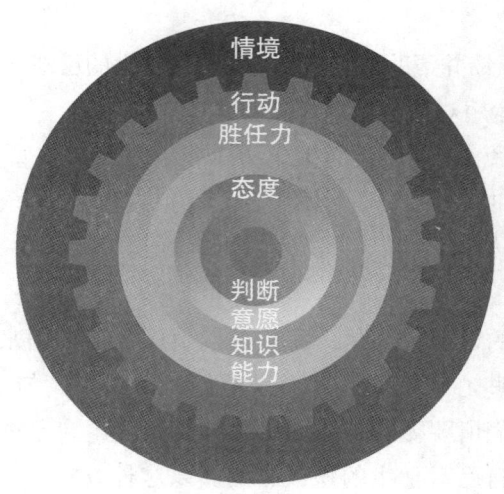

图 0.3　ACAC 模型

　　让我们从这个模型出发，花点时间来思考为什么成功的专业人士会突然感到倦怠。这当然不是因为缺乏胜任力，而是由于他们心智框架的转变，曾经成功的人不再从他们的工作中获得任何快乐或满足，因而备感挫败。要维持我们所描述的心智框架，一个关键因素是不断地提供教师对学生产生影响的证据，以滋养这些心智框架。它们能够自我实现。

　　很明显，培养胜任力比改变心智框架要容易得多。但这是否意味着我们应该放弃？如果我们想要发展教育专长，那么别无选择，只能接受这一挑战，使其成为教师教育的主要焦点，并通过持续的专业学习不断地更新。

　　成功的教师不仅对他们所教的科目充满热忱，而且对一般的教与学、对学习者、对他们的职业充满热忱。他们尤其热衷于对学生产生影响。这份热忱不仅对成为一名成功的教师很重要，而且对长期从事这一富有挑战性的职业很重要，因此，也对成为一名长期保持成功的教师很重要。

为什么写这本书？

　　本书是审视"可见的学习"元研究的产物（Hattie，2012，2014，2015；Zierer，2016b）。我们都反复地钻研了这些资料中提供的证据，试图弄清楚为什么学校教育中有些干预措施比其他的更有影响力，讲出这些故事并做出解释。我们进行了辩论、争论，并且乐于尝试去理解成功的核心要素。有些人错误地使用了影响力排名，他们偏爱排名中靠前的因素，而忽略了靠后的因素；有些人不喜欢某些证据，因为它们不符合他们自己的世界观；有些人说"我认同这个排名，但我的班级有些特殊"；还有些人择优而用，促进某一种影响因素而轻视其余。是的，也许在写第一本书时就应该避免这些误解。很显然，正是各种因素的重叠才构成了这个故事，但之前没有足够强调这一点。

我们寻找的核心概念是，那些对学生的学习之旅有很高影响力的教师与那些低影响力的教师，真正的区别是什么？这就是本书的目的。很显然，区别不在于与学校相关的结构，而更多地在于教育者的专长。当然，学生之间有惊人的差异，并且每个学生都是独一无二的，但一个简单的信息是，那些最有效的因素往往对大多数学生而言都是最有效的。然而，关键不是这些概念，而是教育者要时刻记住它们的影响，以及这些影响的价值。

本书中考虑并应用于课堂实践的所有经验证据均来自"可见的学习"元研究，其数据量仍在持续增大。截至 2009 年，我们收集了 800 项元分析，现在我们有 1400 项，并且还在不断增加。然而，背后的故事没有改变；事实上，增加了 600 项元分析后，这个故事变得更有说服力。本书不打算重述这一故事，而是寻找那些真正带来变化的因素的核心——正如我们将会看到的，这直接涉及教育者如何思考他们的工作、他们的干预、他们的学生，以及他们的影响。

什么是可见的学习？

最初的"可见的学习"元研究花了 15 到 20 年的时间才完成。它分析了 800 多项元分析，涉及有大约 2.5 亿名学生参加的（因为并不是所有元分析都列明了被试的数量）大约 80000 个研究——并且，正如刚才所指出的，"可见的学习"项目的工作尚未完成：迄今为止，我们总计分析了 1400 多项元分析，但此研究所传递的主要信息几乎没有改变。

我们只考虑了与学业成就相关的元分析。其他人也在情绪和动机结果（Korpershoek et al.，2016）、我们如何教学（Hattie & Donoghue，2016），以及特殊教育学生（Mitchell，2014）等方面做着类似的工作，如果有人对关于复读、身体和营养结果的元分析也做综合，那就更好了。

"可见的学习"试图从教育研究的众多发现中找到症结所在，并通过对元分析的综合来找出主要信息。目标是从"什么有效"转向"什么最有效"，以及何时有效、对谁有效、为什么有效。在这种追寻中，尝试理解这些调节变量（何时、谁、为什么）是关键，但让人吃惊的是调节变量非常少。我们先从原始的元分析中得到了大约 150 个因素，比如"班级规模""师生关系""直接教学"和"反馈"，然后计算它们的效应量，这可以通过比较两种条件的平均值（例如，比较新课程与旧课程，将班级人数从 25—30 人减少到 15—20 人），或者通过比较学生的原初表现与接受一段时间干预后的表现来实现。效应量的美妙之处在于，一旦把它计算出来，在不同干预因素之间就可以合理地进行比较了。有很多非常好的文献可以帮助我们理解效应量（Coe，2012；Lipsey & Wilson，2001）。当然，与其他方法一样，元分析也并非没有缺陷，尤其"可见的学习"还是对元分析进行综合的创新尝试，因此，参考这些批评意见是很重要的（参见 Snook et al.，2009；Zierer，2016b）。

从不同的元分析中得到的各种影响因素可以被归纳到不同的领域：学生、家庭、学校、教师、课程和教学。表 0.1 对总体的情况进行了总结。[1]

表 0.1　元分析的总体情况

	因素（个）	元分析（项）	研究（项）	总效应量
学生	19	152	11909	0.39
家庭	7	40	2347	0.31
学校	32	115	4688	0.23
教师	12	41	2452	0.47
课程	25	135	10129	0.45
教学	55	412	28642	0.43

这个总结揭示了一个重要发现：有些领域是热门的研究主题，比如教学；有些领域则备受冷落，比如家庭。同样重要的是，各领域的效应量的离散程度有很大差异，大多数学校相关因素的效应量都集中在 0.2 附近，教师相关因素的效应量则在 0.12（"教师教育"）到 0.90（"教师可信度"）之间。要为教师心智框架的重要性寻找证据，理解这种差异是非常重要的，因为它是这些影响背

---

[1]　我们在这本书中引用的都是目前可用的最新统计数据。与《可见的学习（教师版）》中的数据相比，本书中的统计数据是更新的。——作者注

后的关键因素之一。

　　元研究所包含的 800 多项元分析的分布，展示了效应量的多变性（见图 0.4）。

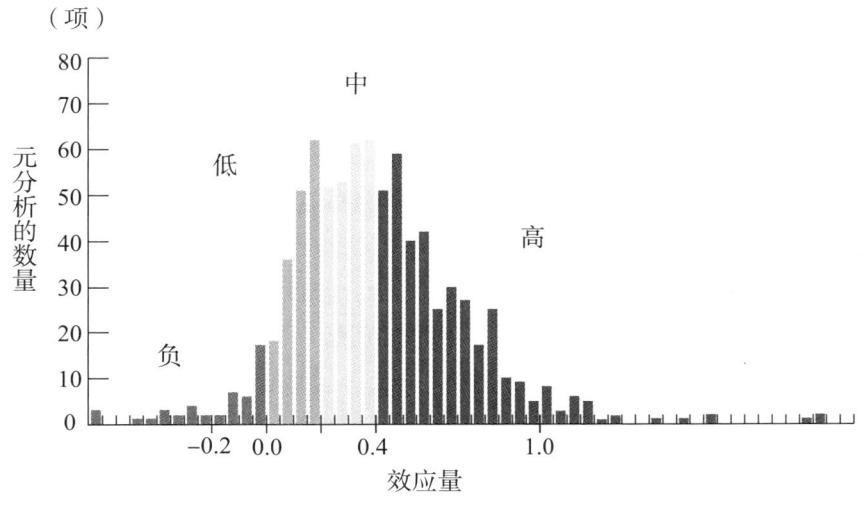

图 0.4　效应量分布

数据来源：Hattie & Zierer（2017）。

　　从许多方面来看，这种分布表明在学校和教室里发生的几乎每件事都能提高学业表现。换言之，我们对学生所做的 90%—95% 的事情会提高他们的学业成就。有人可能认为这能让我们的老师安心，但事实并非如此。这个结果唯一说明的是，学生一直都在学习——尽管有时候我们并不这样认为。这有助于解释为什么几乎每个人都可以声称有证据支持他们偏好的影响因素。在很大程度上，你无法阻止学习的发生。

　　然而，关键是我们应该比较那些比平均效应大的影响和那些比平均效应小（但仍然积极）的影响，并探讨它们背后的故事。这是"可见的学习"的故事，"可见的学习"系列的其他图书已经很好地讲述过这个故事，这里就不再赘述了。这本书所要解决的问题与一个关键概念相关，它将真正地改变学生的学习生活，这个概念就是——教育者的心智框架。

本书的结构

在这里，我们想介绍一下本书在方法论上的考虑。基于"可见的学习"系列图书所概述的教育实证研究结果，我们选取了以下元素来阐述这十个心智框架。

- 我们现在知道，如果教师能够激活并考虑到学生的先前知识和经验，那么学习会更成功。因此，每一章都从一份自我反思问卷开始，这份问卷是在调查了 500 多名教师的基础上开发的。
- 我们知道，普遍意义上的学业进步，以及特定的学业成功，不仅取决于知识和能力，而且尤其取决于教师和学生的意愿和判断。因此，每一章开头的问卷都是为了揭示读者自己的理解、知识、意愿和判断。
- 我们知道，清晰的学习目标对学业成功至关重要。因此，我们陈述了每一章的主要信息，并举例说明。这为理解每章后面的内容铺平了道路。
- 我们知道，问题、经验和行动导向是成功教学的要素（参见 Merrill，2002）。因此，我们提供了行动建议，并且加入了尽可能多的示例问题和反思任务，以解释正文中提到的理论与实证发现。
- 我们知道，在课程结束时的总结有助于学习。因此，我们在每章的结尾都提供了一个检查单，以帮助读者复习和练习这些材料。
- 我们知道，学习需要刻意练习。因此，我们在每一章的结尾提供了练习。为了让学习可见，这些练习会重新回到每章开头的问卷。这些练习聚焦于课堂实践，并为规划与分析课堂提供支持。我们特别强调合作的可能性，以及为自己的思想和行动寻找证据。
- 我们知道，专长既需要胜任力，也需要合适的心智框架。因此，我们尝试反复讨论这两个方面，并将它们带入对话，比如通过各章节开头和结尾的问卷激发对心智框架的思考，以及在各章中呈现基于证据的知识。
- 我们希望，读者能够跟进这些想法，因而提供了进一步阅读的建议，以便对材料进行回顾和开展更深入的研究。

我们以这种方式来组织这本书，希望使它成为一本真正意义上的工作手册，一本既有高要求、有挑战性，又发人深省的书。这本书帮助读者对自己的心智框架提出质疑，发展自己的技能，从而培养自己的教育专长。

这本书是写给谁的？

当一个人写书的时候，他的脑海里总会浮现特定的读者。我们的脑海里想的是谁？我们曾有幸在演讲中介绍"可见的学习"的内容，演讲的听众形形色色，从学生、实习教师、在职教师，到学校校长、学校和教育部门的行政人员。偶尔，我们的听众还会有家长、教育部部长和记者。在写这本书的时候，对这些群体，我们都考虑到了，并希望为他们每个人提供一点参考。

- 对于学生来说，我们希望这本书能让他们深入了解教育研究的现状，同时让他们有一个机会理解自己的学习。
- 对于教育专业的学生来说，我们希望这本书能为他们提供支持，帮助他们学习该如何思考和解释由学生和教室构成的世界。正如我们看到的，这比掌握课堂管理、课程和评价知识的技巧以及了解如何建立关系要重要得多——尽管这些都有助于运用最重要的思维方式。
- 对于教师来说，我们的目标是让这本书成为他们灵感的源泉。书中提出了许多问题，涉及教师如何看待自己的教学，以及与其他教师合作以提高、完善和批判自己的思想的重要性。
- 对于校长，我们希望这本书能给他们指明方向，告诉他们如何激励教师并帮助教师一起努力，让教师们知道自己能够彻底改变所有学生的学习生活，并帮助教师用自己的影响力增强自己的信念。
- 对于学校和教育部门的管理者来说，我们希望这本书能让他们清楚地认识到，教师面临的挑战是什么，以及他们需要什么样的支持才能取得成功。虽然教育无疑是学习者和教师之间的互动，但如果学校和政府部门的行政人员展现尊重的态度，并将重心放在支持十种心智框架的实现上，也会带来巨大的影响。

最后，我们希望这本书能引起所有热衷于思考教育问题的人的兴趣——无论他们在学校还是在其他地方。毕竟，其他领域中的学习也遵循类似的原则，这些原则取决于教师、学生、领导者和家长的能力和心智框架。

致　谢

如果没有与许多人的直接和间接的合作，这本书是不可能写成的。首先，我们想提一下，在过去的几年里，我们受邀在六大洲（假如有人邀请我们去南极洲，我们也会欣然前往）的许多学校和教育机构中举办了许多场关于"可见的学习"的讲座，并协助数千所学校实施"可见的学习"的原则。我们希望能为这些机构的教育者提供一个关于如何思考和工作的有价值的视角。然而，可以肯定的是，我们从每一所学校，从与在那些地方遇到的老师们的讨论中，汲取了许多有价值的想法。他们中的许多人已经找到了运用这本书的方法。

约翰：我在写《可见的学习》的时候，最大的挑战是要发现隐藏在大量数据背后的故事。虽然收集数据的任务相当费时，但收集数据比解释数据要容易。理解大量的研究结果甚至要花费更多的时间，并且要不断地来回往复，才能将所有方面最终整合起来。在这个过程中，我一次又一次地意识到，所有元分析所要传递的主要信息就是回答教师如何思考以及如何解释他们所做的事情的问题。教师会对儿童的学习产生不同的影响，取决于运用何种心智框架来指引思维。这一观点可能能够在大卫·伯林纳（David Berliner）、约翰·杜威（John Dewey）、保罗·弗莱雷（Paulo Freire）以及其他许多人的著作中找到。最后，我试图描述那些对教师成功至关重要的各种不同形式和类型的心智框架。经过几次尝试，在接受了研究者和实践者的建设性批评之后，我们现在描述了其中的十个心智框架。因此，我想借此机会感谢指出我所构建的心智框架的不足之处的所有人，感谢他们与我进行了讨论、辩论和争论。如果没有这些讨论，就不可能达到本书中所阐述的深刻程度。然后，我的任务就是对以这种方式定义的心智框架进行实证检验。在此，我要特别感谢德布拉·马斯特斯（Debra Masters）和海迪·莱森（Heidi Lesson）。最重要的是，我想借此机会感谢"可见的学习"的众多实践者，感谢他们提出了许多关键问题：新西兰认知教育公司的同事们，美国、加拿大和澳大利亚的科温出版社的同事们，挪威、瑞典和丹麦的挑战性学习教育公司的同事们，英国奥西里斯教育公司的同事们。另外，我还要感谢墨尔本教育研究生院的同事们。他们是把"可见的学习"日复一日地付诸实践，从而做出了许多重大发现并产生了新思想的人。然而，我最要感谢的是克劳斯，他的想法，他的灵感，他的坚韧，他的真诚，他作为一个真正的朋友的忠诚。很高兴能和他一起写这本书，为了将富有启发性和挑战性的观点结合在一起，我们跨越了澳大利亚和德国之间的距离，也跨越了语言上的差异。写一本书显然需要大量的时间、支持和毅力——因此，我要感谢我的家人，尤其是我的生活伴侣珍妮特（Janet），她是我最大的批评者和支持者、同事和反馈的提供者；还有我们现已成年的孩子们，他们是乔尔（Joel）、凯特（Kat）、凯尔（Kyle）、杰西（Jess）、基兰（Kieran）、阿莉莎（Aleisha）、埃德娜（Edna）和帕特森（Patterson）。我想把这本书献给我所有的孙辈——希望能有很多——也因此特别献给我的第一个孙女艾玛（Emma）。

克劳斯：我首先要提到的是教育政策制定者、巴伐利亚州州务秘书格奥尔格·艾森赖希（Georg Eisenreich）和梅克伦堡－前波莫瑞州教育部前部长马蒂亚斯·布罗德科布（Mathias Brodkorb），我们就学校和教学的问题开展了许多深入的讨论。我还要感谢约翰尼斯·巴斯蒂安（Johannes Bastian），他建议我为《教育学》（*Pädagogik*）杂志写作关于哈蒂研究的系列文章，这推动我完成了与约翰共同撰写《了解您的影响力！：教学实践的可见的学习》（*Kenne deinen Einfluss!: Visible Learning für die Unterrichtspraxis*）的长期计划。此后，《教育学》杂志出版了一组包含四个部分的系列文章，介绍了这本书的各个方面。我要感谢沃尔夫冈·贝伊尔（Wolfgang Beywl）多年来与我们的合作。我们的合作始于把约翰的研究翻译成德语，并在此后各种情境中一直延续着这种合作。这种合作的特点是可靠和忠诚。最后，我要感谢约阿希姆·卡勒特（Joachim Kahlert），他从我的大学老师，到我的老板，再到我出色的同事，成功地完成了各种角色的转换，多年来一直是我重要的对话伙伴。特别感谢我的兄弟鲁迪·齐雷尔（Rudi Zierer），多年来他一直是我最忠实的伙伴，也是我最挑剔的读者。在数不清的慢跑中，我们仔细探讨了书中提到的许多问题。我要特别感谢约翰，感谢他愿意和我一起踏上这条路，这条一开始就不容易的路，我们之间甚至有难以逾越的物理距离阻隔。我们成功地确保了这一挑战始终是一种快乐的体验——最重要的是，我们的合作始终以相互信任、透明和建设性批评为特点。最后，我要着重感谢我的家人：我的三个孩子维多利亚（Viktoria）、扎卡里亚斯（Zacharias）和奎林（Quirin），他们不断地挑战我作为一个父亲的角色，向我展示了哪些从理论和实证的角度来看是合理的东西，在实践中却毫无用处，反之，哪些在实践中是错误的东西，却可以从理论和实证的角度得到解释。还要感谢我的妻子玛利亚（Maria），她（经常）在深夜里反思我们为养育孩子所做的努力。

约翰·哈蒂（John Hattie）和克劳斯·齐雷尔（Klaus Zierer）

于澳大利亚墨尔本和德国马克尔科芬

2017 年 7 月

第一章 我评价自己对学生学习的影响力

自我反思问卷

通过对以下陈述的同意程度来进行自我评估：1= 非常不同意，5= 非常同意。

我很擅长……

使我对学生学习产生的影响可见。

使用方法使我对学生学习产生的影响可见。

我非常清楚……

学生的学业成就能使我的影响可见。

学生的学业成就能有助于使我的影响最大化。

我的目标总是……

评估我对学生学习产生的影响。

使用多种方法来衡量学生的学业成就，以评估我对学生学习产生的影响。

我完全相信……

我需要定期和系统地评估我对学生学习产生的影响。

我需要用学生的学习情况来评估我的影响。

② **短文**

请想象有两位老师，他们都认真地备课。一位老师的教学理念是"我想教一节好课"，而另一位老师的教学准则是"我想使我对学生的影响在课堂结束时能够显现出来"。这两种思维方式乍一看都令人信服。然而，再一看，区别就变得很明显了：如果第一位老师在课堂结束时觉得一切顺利，学生也很好地参与，没有任何干扰妨碍课堂的进程，他也解释了最重要的内容，那么他就会感到满意。当然，所有这些对另一位老师也很重要，但是他不会依赖感觉，而是会寻找证据。结果，至少在课结束时，也可能是在课上，第二位老师就必须一次又一次地转换成评估者的角色，倾听而不是说话，让学习变得可见，并向学生展示他们现在能做什么、不能做什么。如果他还未通过学生的学习表现来使自己的影响可见，那么这堂课就不算真正结束。

这一章讲的是什么？

这则小短文尝试指出关于这一心智框架的核心信息：教育专长通过教师如何认识他们所做的事展现出来。最关键的问题之一是，教师是否想知道他们的影响，并使其可见。那些为自己设定了这个目标并一直努力去实现它的教师，与那些从不问这个问题的教师有着根本的不同。"可见的学习"和"认识你的影响力"成为这一心智框架的核心信息——也是这本书的核心信息。

当你读完这一章以后，你应该能够用这一信息解释：

- 从精熟（proficiency）到更高成就的进展。
- "提供形成性评价"和"干预反应法"的证据。
- "诊断、干预、评价"是什么意思。
- 个人反馈是如何发挥作用的。

"可见的学习"的哪些因素支持这一心智框架?

3

如果你走进一间教室,对自己说:"我在这里的工作是评估我的影响",那么学生就是主要的受益者。到目前为止,这是所有心智框架中最重要的一种,并且是"可见的学习"研究所传递的主要信息。当然,这回避了我们所说的影响中关于道德目的的问题。这也意味着我们必须不断调整和完善我们所做的事情,以最大限度地提高对每个学生的影响,意味着我们需要经常停止讲授,"倾听"我们的影响。

影响的形式有很多种,比如作为一个学习者的归属感、学习的倾向和动机、对自我和他人的尊重、更高的成就和态度、积极的性格和社会敏感性。有很多方法可以让这种影响变得可见:学生创造的人工制品(artifact)、对学生学习的观察、考试和作业、倾听学生之间的互动、让学生对学习有发言权。

我们必须确保每个学生在学校各个常规科目的学业旅途中取得进步。当然,这些学科的主题在不同的国家,甚至不同的司法管辖区内都有所不同,但在每一间教室里,学生都会展现出某种形式的学业成就。这本书的任务不是讨论课程,而是提醒读者们注意迈克尔·扬(Michael Young,2013)的观点:我们让学生去上学,是为了让他们接触到如果不去上学就接触不到的东西。同样需要注意的是,大多数课程都是基于"成人群体思维"的:由成年人群体决定教学主题的范围和顺序。很少有课程是基于学生如何真正取得进步的(因为关于这个主题的研究很少)。的确,如果我们把来自不同司法管辖区的不同课程列在一起,它们在课程范围、顺序和课程主题的选择上肯定会有所不同——但每一门课程都会被认为是合适的方案。

无论课程内容如何,进步是我们对教师和学生提出的关键任务。形成对"进步"的理解可以是显性的,直接提供给教师;也可以是凭直觉的,由教师通过在课堂上的工作得到。鉴于一个班级通常有很多学生,后者更常见,因为学习很少是线性的,按照别人所设定的路线取得进步——它更多是断断续续的,而且由于学生处于不同的起点,进步的进程也可能有所不同。

请注意,重点是学业成就的进步。在很多情况下,高成就被视为高人一等,当然,尽管我们都希望获得高成就,但过分强调学业成就可能会扭曲对教育者所产生的影响的理解。进步和成就之间的关系可以用多种方式来表达,如图 1.1所示。横轴代表进步 / 成长,纵轴代表成就。

4

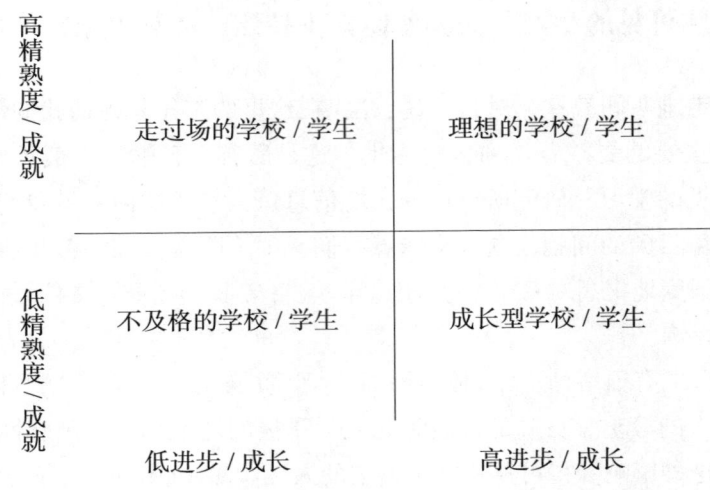

图 1.1　迈向精熟的进展 ①

　　我们可以尝试为每一个象限贴上标签。因此，成功并不总是高成就（谁希望成为走过场的学校或学生？），而是被定义为高进步。不管学生的起点在哪里，他应该在每一年都获得一年应有的成长。认识到这是影响的焦点，是理解影响的基本出发点。

　　要理解"一年应有的成长"是什么意思，我们必须查阅多种原始材料，包括经过一段时间变化的效应量、学生一年的作业样品、课程要求的一年指标——但批判性地理解这种成长需要与其他老师讨论。这与"我与同事和学生合作，确定什么是进步和影响力"的心智框架有关。

提供形成性评价

　　图 1.2 中的"提供形成性评价"这一因素引起了人们的兴趣，因为它是"可见的学习"中影响力最强的因素之一，其效应量为 0.90。

---

　　① "走过场"是指学生的学业成就原本就很高，教师的教学只是"例行公事"，没有发挥其影响力，因此学生也没有获得很大的成长。若无特别说明，本书脚注均为译者注。

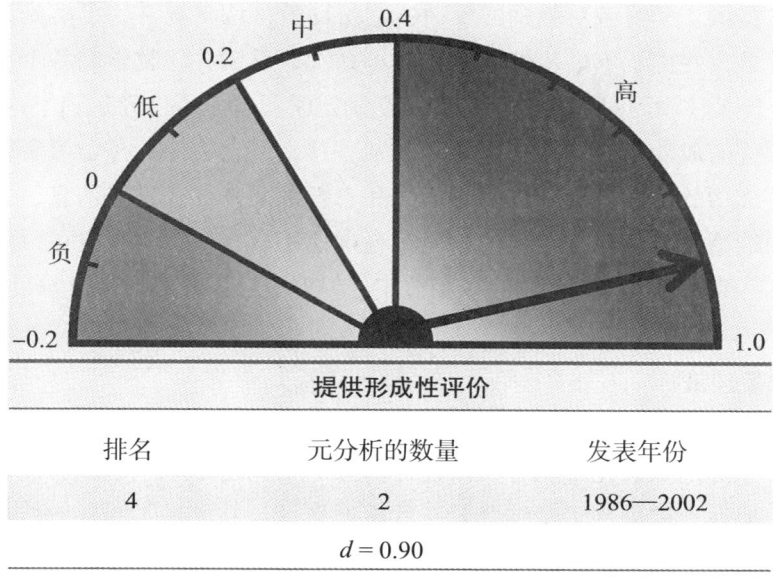

提供形成性评价

排名	元分析的数量	发表年份
4	2	1986—2002

$$d = 0.90$$

图 1.2　提供形成性评价

数据来源：Hattie & Zierer（2017）。

形成性评价包括什么？是什么使它如此有效？迈克尔·斯克里文（Michael Scriven, 1967）区分了教学过程的形成性评价和总结性评价。形成性评价是在干预过程中进行的，允许教师使用所得数据来改进教学过程；总结性评价是在干预结束时进行的，因此是对其结果的评价。（注意，这意味着不存在形成性或总结性评估的概念，因为任何评估都可用于［在课程期间］进行形成性评价或［在课程结束时］进行总结性评价。）[①] 在这两种情况下，评价对学生学习的影响显然是不同的：形成性评价的结果仍然可以使学习者受益，而总结性评价的结果只能作为对教师的反馈——尽管它可以在以后的课程中供学习者使用。这些特征表明了为什么形成性评价常常被视为与反馈密切相关，而且它们确实在许多方面重叠。然而，这两个因素之间有两个重要的区别，即便不能说它们有本质上的区别。首先，反馈可以是教师对学生的，也可以是学生对教师的，但形

---

① assessment 与 evaluation 在教育语境中有细微的差别。assessment 通常是指对学生的学业成就和表现进行测评，基于测评的结果，教师向学生的父母或者更广泛社区报告学生的表现情况；evaluation 通常是为了改进课程与教学而做出的评价。此处将 evaluation 翻译成"评价"，assessment 翻译成"评估"。

成性评价提供了学习者对教师的反馈：它帮助教师调整教学，了解到目前为止的教学效果，并提示下一步的教学方向。其次，反馈关注教学的各个方面，而形成性评价关注学习过程的目标，并试图确定学习者是否已经达到了这些目标。形成性评价的成功秘诀就在于这两个区别。总之，它关注的是学习者是否达到了目标或成功的标准。教师需要有能力和心智框架来寻找这些信息，并从中得出正确的结论，以便在进一步的学习过程中使用。当然，学生也可以用形成性评价对自己的学习进行调整、改变和校正，但形成性评价对教师影响最大。

干预反应法

"干预反应法"（response to intervention，简称 RTI）源于美国，指的是一种专门为有学习困难的儿童和青少年设计的方法（见图 1.3）。因此，它根源于特殊教育，但后来被应用于全纳背景下的普通教育，并取得了同样的成功。干预反应法的成功秘诀在于教师不断地对课堂进行调整（干预），以及学习者由此而得到的益处（反应）。它使教师能够不断地调整教学以适应学生当前的学习水平。

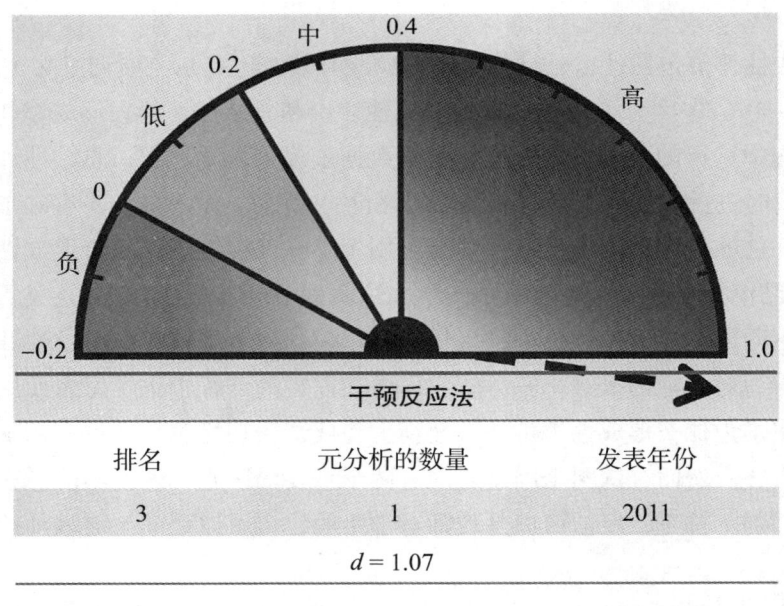

排名	元分析的数量	发表年份
3	1	2011

$$d = 1.07$$

图 1.3 干预反应法

数据来源：Hattie & Zierer（2017）。

这个过程被组织在一个所谓的多层保障模型中，它通常由三层组成：在第一层，教师向所有学习者教授符合当前质量标准的常规课程。在第二层，教师对那些无法在第一层干预获得预期学习成功的学习者进行干预。这种支持包括应用适当的方法来测量学习水平，并在一段时间内以小组形式进行干预。在第三层，教师为在第二层干预中没有取得预期学习成功的学习者提供补偿性教学。

在第三层，干预通常采取一对一的教学形式，允许教师向有需要的学生提供更个性化和更高强度的支持。因此，这三个层次在人数规模、个性化程度和持续时间方面有所不同。值得注意的是，为了给学习者提供最好的支持，在所有层次之间和所有干预期间，教师需要持续地寻求与学习成功相关的反馈。

教师的诊断、干预和评价

这与干预反应法的概念类似，强调出色的诊断、适当的干预和卓越的干预评价。人们往往过分强调教学或干预措施，即使采用这些干预措施与学生已经知道什么或不知道什么无关，而且往往重复使用同样的干预措施或教学方法，还批评学生没有积极参与、动力不足或不够聪明。相反，如果学生不是第一次学习，改变教学方法更有可能推动这些学生进步。

这三个方面无疑凸显了教师所需的教育专长，并且它们之间存在持续的相互作用。这一理念对教师的认知决策能力提出了更高的要求；需要教师愿意说"我选择的干预方法是错误的，并且我要改变我的行为"，或者说"我选择的干预方法是正确的，因为它们使我成功地教这些学生"；也要求教师参与诊断、干预和评价的合作探究。仓促干预、尝试某种新方法或采用一种新的教学方法，而没有顾及学生的需要的情况很常见，而且可能是具有破坏性的。如果新方法不奏效，教师通常会说学生不善于接受干预、走错了方向，或没有努力学习。如果某些教育者提出的解决方案不能满足学生的需求，那我们要对这样的教育者保持质疑。

诊断：理解每个学生带进课堂的东西、他或她的动机和参与的意愿。

干预：掌握多种干预措施，如果其中一种效果不好，教师就要转向另一种干预措施。它还包括了解成功概率高的干预措施，知道什么时候转换干预措施，并且不会对学生为什么没有学习采用指责性语言。

评价：了解这些技能，掌握多种方法，并协作讨论干预的影响程度。

要使这三个步骤的影响最大化，可能还需要第四步——高质量的实施。如果一个极佳的干预被实施得很差，那么它反映的更多是实施，而不是干预。这就是当我们看到某些教学干预的效应量很大时需要保持谨慎的原因——这是某种干预可能有效的概率性陈述。为了确保实施的准确性，谨慎仍是必需的。所以，也许这就是教师毕生需要追求的"诊断–干预–实施–评价"（DIIE）四部曲。

我从哪里开始？

这些考虑让我们想到了《可见的学习（教师版）》提出的一个概念（Hattie，2014）：在常规测试的帮助下，我们有可能为每一位学生计算个体效应量。这涉及使用该书前言中描述的公式，并将测试结果输入表中。计算出均值、标准差和标准差的平均值之后，我们可以创建如表 1.1 所示的关于个体效应量的表格。

表 1.1　效应量

学生	第一次测试	第二次测试	效应量
茱莉娅	44	48	0.28
胡里奥	57	66	0.62
凯特	37	52	1.03
梅根	82	78	−0.28
詹妮弗	39	62	1.58
马特	46	64	1.24
云	57	73	1.10
帕布鲁	63	60	−0.21
罗伯特	68	71	0.21
麦克斯	29	35	0.41
罗德尼格斯	67	68	0.07
均值	53.55	61.55	
标准差		14.54	
效应量		0.55	

为了计算单个学生的效应量，我们假设每个学生对总体方差的贡献相似（鉴于我们在做假设，在解释时需要格外谨慎，并使用可替代证据检查任何意外情况），然后使用合并方差的分布（标准差）作为每个学生的估计值。我们使用以下公式：

$$效应量 = \frac{平均值（干预后）- 平均值（干预前）}{标准差}$$

现在，教师需要就上一个案例回答一些很重要的问题。为什么詹妮弗和马特的进步这么大，为什么梅根、帕布鲁、罗德尼格斯、罗伯特和茱莉娅的成绩进步这么小？很明显，这些数据并没有说明原因，但它们确实为得出这些重要的因果解释提供了最好的证据。（请注意，在这种情况下，不一定是那些学困生进步最小，而那些最聪明的学生进步最大。）

由于做了一个假设（每个学生对分布的贡献是相似的），因此最重要的问题是这些数据所产生的问题：对于那些获得更高影响的学生和那些获得更低影响的学生，分别可以做出哪些解释？接下来，教师就可以基于证据提出正确的问题。只有教师能找到原因，而且和往常一样，我们需要对这些原因进行三角互证，然后为这些学生设计策略。

在使用效应量时，你应该注意以下两点：

A. 应谨慎使用小样本：样本越小，越应注意对结果进行交叉检验。任何少于 30 名学生的样本都可以被认为是"小"的，因此应该时刻保持谨慎。

B. 寻找异常值是很重要的。在一个小的样本中，有几个异常值就会影响效应量的准确性，并且它们可能需要被特殊考虑。（比如，为什么有些学生的成长远比其他学生大？或者为什么他们的成长不如其他学生？）甚至可能需要将这些学生删去再重新计算效应量。如果总体效应并未因为是否包含异常值而发生变化，那么将它们包含进来可能是更合理的。如果发生了非常大的差异，就必须在计算中将它们删去。

使用效应量的优点是我们可以跨测试、跨班级、跨时段地对其进行解释。尽管在前测和后测中使用相同的测试很有意义，但这并不总是必要的。例如，在一些纵向测试中，每次测试并不相同，但它们都是为了测量相同的维度而构建的，并根据测试题目的不同难度进行了校准。有些形式的分数不太适合用效应量解释，例如，百分位数、标准九分（stanines）和正态曲线等值分数（NCE scores）都有特殊的属性，因此使用前面的方法计算的效应量会产生误导性的结果。

效应量的使用促使教师思考如何使用评估来帮助估量进步，并调整教学，以更好地为学生个人或学生群体提供定制化的学习。它要求教师思考，同是他们教学的结果，为什么一些学生取得了进步，而另一些学生没有。这是一个"证据转化为行动"的例子。

11

检查单

- 在课堂结束时，使你对学生学习产生的影响可见。
- 利用这些信息来计划下一次课堂。
- 在干预阶段衡量你对学生成绩的影响，并让学习变得可见，以便在干预阶段能够做出应变。
- 使用形成性评价让学习可见。

练习

- 回到本章开头，用不同颜色的笔填写自我反思问卷。你对那些陈述的看法发生了什么改变？而且最重要的是，为什么发生了改变？与同事讨论你的自我评估。
- 规划你的下一节课，加入一个环节让学生展示他们学到了什么。与你的同事讨论你的经历。
- 与你的同事一起设计两个测试以获得个人的反馈，并在课堂上使用这一形成性评价。与你的同事讨论你的经历，并基于证据进一步完善这一工具。

第二章 我运用评估结果指导下一步行动

自我反思问卷

通过对以下陈述的同意程度来进行自我评估：1= 非常不同意，5= 非常同意。

我很擅长……

在我的学生没有实现学习目标时调整我的教学。

运用学生的学业成就，对自己关于目标、内容、方法和媒介的看法做出总结。

我非常清楚……

学生的学业成就是对我的教学是否成功的反馈。

学生的学业成就，使我能够对自己关于目标、内容、方法和媒介的看法做出总结。

我的目标总是……

定期并系统地衡量学生的成就水平。

使用客观的方法来衡量学生的学业成就，以评估我的教学是否成功。

我完全相信……

我需要定期和系统地检查我的学生的成就水平。

使用客观的方法来衡量学生的学业成就，以评估我的教学是否成功。

13

> ## 短文
>
> 　　这是每一位有经验的教师都熟悉的情景：你花了很多时间和精力来批改作业。虽然筋疲力尽，但还是对出色地完成工作感到满意。你完成了批改的收尾工作，开始思考如何与学生们单独地讨论错误，并回答他们可能还存在的遗留问题。但是当你返还作业的时候会发生什么呢？大多数学生直接把作业塞进书包，甚至一眼都没看你对作业的评价。首先，你会问自己一个完全合理的问题：为什么我要费这么大的劲来批改这些作业，而学生甚至连一眼都懒得看作业做得怎么样？然而，再仔细想想，你就会意识到，教师不仅仅是给学习者评分。也许更重要的是，他们这样做是为了评价自己。

这一章讲的是什么？

　　这则短文阐述了本章的主要信息：学生评估不仅仅是对学习者的重要反馈。它对教师更有用处，因为它为他们所教授的课程指明方向——因此也为所有相关的教学问题指明方向，比如学生是否达到了学习目标，是否理解了内容，所运用的方法是否合适，所使用的媒介是否有帮助。在本章中，我们将"评估"定义为教师或学生用来判断一些关键问题的任务，比如，他们的进展如何，他们现在的目标是什么，以及下一步目标是什么。因此，它可以是一次测试、一个对表现的评论、一次讨论或演示，也可以是一个指定的任务。这一心智框架与如何对判断做出评价相关——通常来讲，这些评价是为了帮助学生进步，它们也确实有助于学生进步。但理想的心智框架，是教师将评估视为对其影响的有力反馈，从而让学生成为最终的受益者。

　　当你读完这一章以后，你应该能够用这一信息解释：

■ "任务时间""提供形成性评价""干预反应法"等因素的重要性。

14

■ 为什么作业、考试、小测验等都是促进学生学习以及使教师的影响可见的最重要手段之一。

■ 合理地阐释学生所创作的制品如何能够有助于发展这一心智框架。

"可见的学习"的哪些因素支持这一心智框架？

除了学校制度、班级规模和家庭作业之外，在学校环境中几乎没有什么能够像"分数有没有意义"这一议题那样引发激烈的争论。然而，这个议题的争议性往往不在于分数本身，而在于我们如何看待分数：我们是将分数理解为一种不可改变的烙印，还是一种更强的反馈形式？它使学生失去动力，从而阻碍了学习的道路；还是它激励学生更加努力，从而增强了他们的学习动机？它向学生发出学习已经结束的信号吗？一种经常被提出的替代办法是用其他形式的评估代替成绩。其中有两个建议一直很受欢迎，并激起了很多希望，那就是口头评估和书面评论。支持者声称，这将彻底改变教育评估，改善每个人的学习，并让社会更加公正。

的确，无论是分数，还是其他形式的教育评估，都有可能在某些情境中被滥用，仅举两个负面的例子：比如分数成为一种压迫的手段，或者口头评估成为一种与个体无关的空泛陈述。

纠正这些负面例子最有效的方法就是这一心智框架。如果教师认为评估主要是对他们的反馈，那么这可以改变评估的性质，可以提供更多关于如何调整教学的信息，并有助于理解下一步该如何行动——这首先是对教师而言的，然后也会影响到学生。

在"可见的学习"中，有三个因素可以说明在这种情况下，这一专业的心智框架是由什么构成的，即"任务时间"，以及前面提到的"提供形成性评价"和"干预反应法"。

任务时间

"任务时间"这一因素在有效教学的标准中从未缺席（参见图2.1）。因此，尽管它在"可见的学习"中还没有达到0.4这一门槛，但它的效应量0.38也是相当可观的。然而，这一可靠的结果并不能保证我们不受一些相关谬论的影响，这些谬论最终会妨碍我们理解这一因素：任务时间通常被认为是一件简单的事情，那就是让学习者在尽可能少的干扰下保持忙碌。这就导致教师无缝地从一个环节过渡到另一个环节，给人留下了学习者的学习体验非常流畅的印象。然后，所有学习者在这样的课堂上保持专注，就被视为这堂课取得成功的指标。这种对学生学业成就的理解并不是最优的，并且会阻碍"我运用评估结果指导下一步行动"这一心智框架的发展。正确的理解方式是，任务时间不仅意味着学习者一直保持忙碌，还意味着他们把大部分学习时间投入被布置的任务，感受到适当程度的挑战，并在任务中检验他们的极限。因此，它有一种"刻意"使用可用时间的感觉，而不仅仅是在任务上花时间来练习、练习、再练习（特别是当练习是对错误、不完整或不相关的事情的过度学习时）。这也是元分析所传递的主要信息：单纯延长学习时间（作为一种纯粹的结构性措施）对学习的影响很小。更重要的是向学习者发起挑战，让他们面对那些难以完成的任务，并让他们在一个团队中完成这些任务。如何在学习上投入时间是需要教给学生的核心技能，因为有些人不知道如何明智地利用时间。

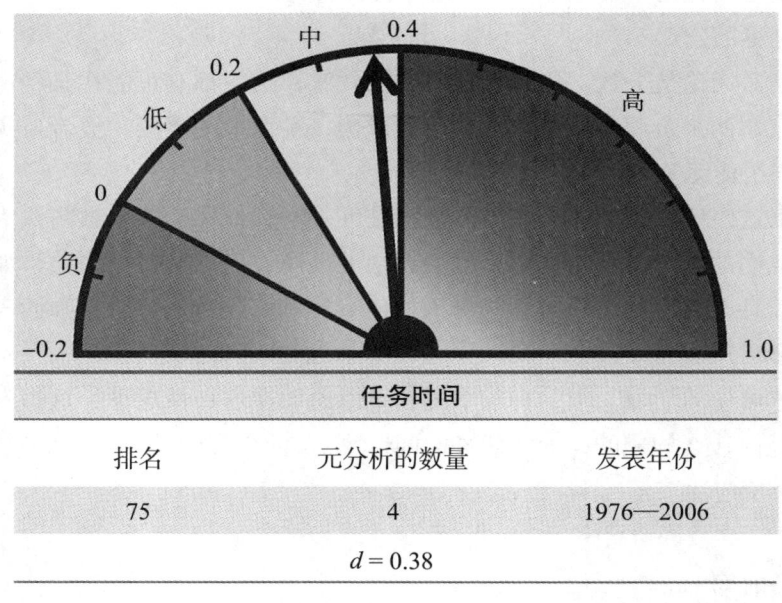

排名	元分析的数量	发表年份
75	4	1976—2006
	$d = 0.38$	

图 2.1　任务时间

数据来源：Hattie & Zierer（2017）。

我们对"任务时间""提供形成性评价"和"干预反应"等因素的分析表明，成功的教与学过程的关键在于衡量学生的学业成就，并将结果应用到后续课程中——特别需要由教师来完成。这些教师可以使学习可见，并对他们的教学做出正确的总结，进而让学生获得更长足的进步。让学习可见的任务无疑在两个方面对教师造成了挑战：一方面，它需要教师具备熟悉多种方法和充分运用这些方法的能力；另一方面，它还需要教师对这些方法充满信心并有动力去实施。两者共同构成了"我运用评估结果指导下一步行动"的心智框架的基础。

作业、考试、小测验等——仅仅是一项乏味的义务？

教育学论著一再提醒我们，学术成就不能被简化成物理公式"成就＝努力＋时间"。教育结果不仅是产品导向的，而且是过程导向的，它涉及个性的各个方面。我们需要有实现目标的意愿、在学习上投入的意愿，以及对新经验保持开放的态度（它可能会对我们已经知道的东西提出质疑）。为了达到这一目的，一个重要的教学工具便是作业——在这里和后文中，我们将各种类型的学校作业、考试和衡量学业成就的其他方式统称为"作业"。

当然，作业的目的不仅仅是决定成绩单上的分数，它是判断学生学业成就和分析教学的基础：一方面，它使教师能够判断学生的学习条件、方法和水平，并获得学生如何学习和工作的信息；另一方面，它向教师提供关于学业成就的信息，以及学习目标、内容、方法和媒介是否适合的信息，从而使教师做出相应的总结。它们可以被用来导入课堂，在课堂期间使用，或者结束一节课。因为作业是课堂的一部分，它们也受其条件的制约，包括教师、学习者与材料之间的关系，以及情境和个人条件，所有这些条件都会影响到作业的成效。

尽管作业的设计和评价是紧密联系的，但通常的做法却突显了其问题：除了老师在给作业打分后写的评论，唯一被收集与评估的数据和信息是学生成绩单上的分数、评分量表和平均绩点。显然，这不会带来任何对学习过程的有意义的诊断，或者对课程的有效分析——它不满足教育成就的任何标准。相反，它把学业成就视为单纯的分数累加的产物。它忽视了教学过程，不考虑学生学业成就的个体因素，从而忽视了教学的所有背景因素。举例来讲，考虑这样一个情况："F"代表了相同的成就，不论它是给到一位高成就却因病而发挥失常的学习者，还是给到一位低成就但在其水平范围内已经做得很好的学习者。最终分数不应被视为教学诊断的唯一基础，更不应被当作分析的唯一基础。

但是，当结果太"好"或太"差"时，该怎么办呢？前一种情况实际上不应造成任何困难：难道不是所有教育都在为所有儿童实现学习目标而努力吗？然而，这个问题却反复出现，尤其是在个别班级或学校之间的比较中。在我们看来，对太好的结果进行处理和校准，使其达到正态分布，或者达到"可接受"

18 的平均绩点 2.0、"C"，或者其他一些最低可接受的分数，这些常规做法是不可接受的——尤其是这种做法惩罚了那些与很多高成就学生在同一个班级却取得很大进步的孩子，这在教育上是不合理的。教师有责任考虑作业是否太简单（或太难），并为其未来教学和评估得出必要的结论。如果评估结果很差，那么教师也面临着类似的问题：如果教师没有成功地按照测试的标准设计教学，孩子们应该受到惩罚吗？在这种情况下，采取标准分数似乎是可接受的，因为教师需要站在孩子一边。教师的职责是利用他对班级情况的了解，来决定具体问题在哪里。在以上两种情况下，平均分都可能是有用的，也可以用于小组作业的评分。然而，这里讨论的两个极端说明了作业的设计和评估与前一次教学和后一次教学之间有多么紧密的联系。

工作表过时，还是工作表万岁？——对过载的工作表的批判

教师们通常都有大量的工作表，这不仅是互联网带来的负担。这是他们中许多人强烈倾向于收集一切与他们的教学有关的材料的结果。他们在书架上放满了活页夹，很快就能自信满满地拿出一张工作表，以应付各种教学情况。排版越漂亮、越有创意、越有趣，工作表就越有可能被使用。然而，还是要保持谨慎。

艺术作品般的工作表固然好看，但是当涉及学习时，它们通常有一个关键的缺点。认知负荷理论（我们在第十章"我关注学习如何发生，让学生也理解学习"中讨论这一理论）表明，他们往往把注意力放在艺术图案本身，而不是手头的任务上。图案本质上仅是一种装饰，仅能让课堂看似热闹（甚至让人分心）。显而易见的危险在于，这种装饰可能导致工作记忆过载，使学习者只能拿出很少的认知资源，甚至根本没有资源来真正完成学习任务。更糟糕的是，这种装饰所带来的动机在很大程度上是外在的，并且其效果也与学生的初始学习**19** 水平有关，因此，应该尽量少使用。很多为数学教学而设计的教学工具也可以说明这一问题：算术塔、算术轮、算术域、算术金字塔等等。这些方法在一般情况下当然是有趣的，因为它们充满了教学的创造性，可以让课堂活跃起来。但是，如果由于大部分空间被艺术图案所占据，导致工作表不包含任何任务，或者由于艺术图案的阻碍，工作表所包含的任务难以被学习者理解，那么它们将失去教育价值：任务量太小，所能提供的强化和练习太少，并且需要付出太

多的认知努力去理解。

在这种情况下，一个有用的原则是"奥卡姆的剃刀"（Ockham's razor）。经院哲学家奥卡姆的威廉（William of Ockham）认为，如果一个人面对各种各样解释现实的假说，那么他应该选择包含最少变量和假设的假说——顺便提一句，亚里士多德早就提出过这一观点。将这一原则迁移到教学情境中，意味着如果教师手边有很多检验学生是否达成目标的方法，那么应该选择那些只需付出最少额外努力的使学习可见的方法——所有其他教学招数都应该被放弃。回到前面提到的例子，在数学教学中，合理的过程是，尽可能在一张没有任何艺术图案的纸上写出任务，让学习者做出必要的计算。

"奥卡姆的剃刀"原则有认知理论的支持，并在许多领域得到了实证研究的验证。因此，从教育学的观点来看，我们应考虑遵循简约原则，而不是多样化原则。

我从哪里开始？

接下来，我们将提供在课堂结束时让学习可见的三种方法的例子，作为帮助你形成自己想法的建议，然后你可以发展自己的想法，尝试一下，并与你的同事讨论。

第一个例子是一节关于正弦函数和余弦函数的数学课——这些内容被包含在"经度和纬度的意义是什么？"[①]这一教学环节中（见图2.2）。教师在黑板上写下以下综合题，学生把这幅图抄到笔记本上。这有助于激活材料，同时也是强化和复习的重要手段——根据遗忘曲线，让学习者在笔记本上写东西，让他们尽可能频繁地肩负起学习的责任。在此之后，教师会给出有关这些公式的更多练习，然后在课程结束时，教师要求学生合上笔记本，并完成如下任务（见图2.3）。

20

---

① 利用三角函数可以计算不同经纬度之间的距离和方位角。

经度和纬度的意义是什么？
正弦和余弦函数

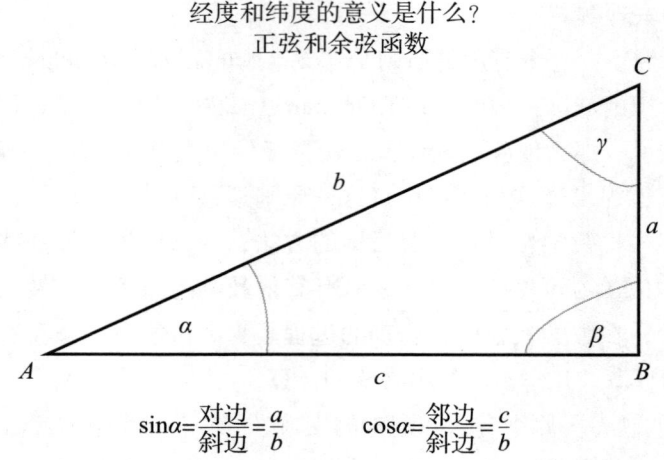

$$sin\alpha = \frac{对边}{斜边} = \frac{a}{b} \qquad cos\alpha = \frac{邻边}{斜边} = \frac{c}{b}$$

图 2.2　正弦函数和余弦函数示例

来源：Hattie & Zierer（2017）。

正弦和余弦函数

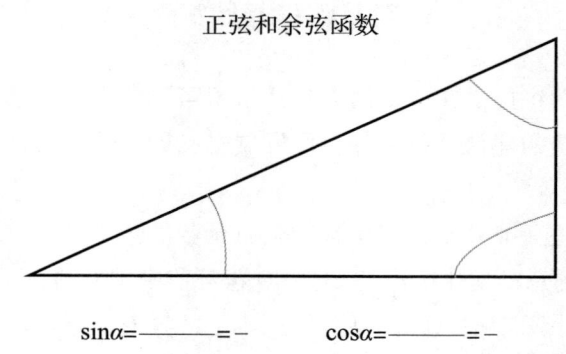

$$sin\alpha = \frac{\quad\quad}{\quad\quad} = - \qquad cos\alpha = \frac{\quad\quad}{\quad\quad} = -$$

图 2.3　正弦函数和余弦函数

来源：Hattie & Zierer（2017）。

21　　这个任务位于单点结构水平——对于一门导论课程，这是一个合适的挑战水平，尤其是考虑到深层理解（关联水平和抽象拓展水平）需要建立在表层理解（单点结构水平和多点结构水平）的坚实基础上。（可在第五章找到对这些水平的更详细的解释。）

第二个例子是关于某一节课中最重要术语的小测验。因为测验是一种与课堂上最初学习形式不同的成就，所以这个任务可以被归类为多点结构水平。在一节介绍如何根据树叶和果实辨认各种落叶树的课结束时，让学习结果可见的工作表——“ALL RIGHT”解谜——可能看起来如图 2.4 所示。

				(1)	A	C	O	R	N	
			(2)	A	L	D	E	R		
				(3)	L	I	M	E		
		(4)	B	I	R	C	H			
			(5)	W	I	L	L	O	W	
		(6)	M	A	G	N	O	L	I	A
(7)	B	E	E	C	H					
		(8)	N	U	T					

图 2.4 “ALL RIGHT”解谜示例

注：（1）橡子；（2）桤树；（3）椴树；（4）桦树；（5）柳树；（6）木兰树；（7）榉树；（8）坚果。

根据学习者的学业成就水平，数字“（1）”到“（8）”也可以用树叶和果实的图片代替，辅以文字提示，或者由教师大声朗读出合适的描述来进行拓展。

第三个例子涉及提出一个开放性问题，鼓励学习者对所学的材料形成深层理解。这项任务是在一节关于毕加索及其艺术作品的课结束时布置的（参见 Hattie，2014，p.61）：

毕加索在他的画作《格尔尼卡》中想要表达什么？阐释你的观点。

我们用这三个例子试图说明，对你自己的思维和教学活动形成一些想法并不是那么困难。它本质上是让你自问：教学过程如何影响学习过程，以及如何寻找证据，使这两个过程的联系清晰可见。最重要的是，不仅要成功地收集数据，而且要对这些数据进行反思和阐释，并将其与你心中的下一节课整合起来。 22

开发和实施这些方法，以及所有形式的作业、考试和测验，是全世界教师最重要的任务之一。

检查单

下次备课时反思以下几个问题：

- 将学生的学业成就视为：关于你和对你的反馈。
- 在思考学习过程时紧密结合教学过程。
- 在解释学习者所犯的错误时回想你的教学。
- 在课堂结束时加入一个让学习可见的环节。
- 将让学习可见的方法整合到你的课堂计划中，考虑到学生当前的学习水平和你计划分配的任务的挑战水平。
- 从你的一般性的教育思维和活动以及具体的教学出发，反思你收集的数据。
- 在你计划教学顺序的过程中，记下你之后想要在作业中加入的内容。
- 尽早决定作业应该包含在单点结构、多点结构、关联和抽象拓展水平上的哪些任务。
- 与同事讨论你为课程设定的挑战水平。考虑学生的学业成就，并检查挑战水平是否合适。
- 使用作业来澄清以下问题：我在这节课中实现了哪些目标？我成功地向学习者传达了什么材料？哪些方法能够促进学习？哪些媒介能够促进学习？
- 反复检查以确保你的学生已经学会了材料，即使你相信他们已经学会了：在这种情况下，知情比一厢情愿地相信要好。

23

练习

- 回到本章开头，用不同颜色的笔填写自我反思问卷。你对那些陈述的看法发生了什么改变？而且最重要的是，为什么发生了改变？与同事讨论你的自我评估。
- 设计一种方法，在一节课结束时检查学生是否达到了学习目标。实施并对结果进行反思，首先是自己单独反思，然后和同事一起讨论。
- 在设计和评估你的下一个作业时，考虑单点结构、多点结构、关联和抽象拓展水平。和一位同事一起尝试实现本章中所描述的评价作业的可能性。

第三章　我与同事和学生合作，确定什么是进步和影响力

24

自我反思问卷

通过对以下陈述的同意程度来进行自我评估：1= 非常不同意，5= 非常同意。

我很擅长……

通过与其他老师一起工作来节省时间。

在团队中分担责任。

我非常清楚……

团队可以克服困难。

团队内可以相互分担责任。

我的目标总是……

通过团队合作来巩固优势。

在我的团队中克服困难。

我完全相信……

优势可以在一个团队中得到巩固。

与同事合作很重要。

短文

一个律师如何处理看似无望的案件？如果一个记者的调查得到了看似矛盾的事实，他有哪些选择？当一个科学家的研究陷入僵局时，她会怎么做？在这种情况下，成功的人会进行对话，并试图通过与他人合作来解决他们的问题。

这一章讲的是什么？

这则短文阐述了本章的主要信息：教育专长是交流与合作的产物。独行侠可以成功，但如果他们与他人合作，会更加成功。这对于在个体间培养一种共同体的意识尤为重要。

当你读完这一章以后，你应该能够用这一信息解释：

- "微格教学""专业发展""学校规模"等因素的重要性。
- 集体智慧的内涵，个人如何从集体智慧中受益。
- 成功的协同教学（team teaching）需要满足哪些条件。

"可见的学习"的哪些因素支持这一心智框架？

毫无疑问，有许多教师寻求交流与合作。因此，建议教师根本不与同事一起工作是错误的。然而，令人遗憾的是，这种合作并非在所有地方付诸实践，而且在教师教育项目中被严重忽视了，教师教育项目没有系统地要求和培养这种合作能力。更重要的是，合作的重点应该是对学生的影响和效果。我们需要分享我们如何思考和评价自己的影响，而不是讨论课程、评估任务和分享有趣的活动。

交流与合作的重要性和必要性常常可通过生物学类比来说明：蚂蚁和蜂群是典型的例子，它们说明了个体能从群体中获得多大的利益，说明了整体如何大于部分。虽然这两个类比并不是在任何层面都合适——无论是考虑到人类之间有更强的多样性，还是考虑到开放社会的重要价值——但两者都强调了在民

26

主制度中共同体的一个不可或缺的方面，因此也传达了一个关键信息：人类也能够从交流与合作中获益。

"可见的学习"中的许多因素为这一论证提供了实证证据，特别是"教师的集体效能感""微格教学"和"专业发展"。

集体效能感

在"可见的学习"影响因素的列表中，将出现一个新的效应量最大的因素，即教师的集体效能感。这来自伊尔斯（Eells，2011）的论文，她总结了 26 项研究，发现该因素对学生学业成就的效应量非常高，达到了 1.23。这种影响在所有学校科目中和所有教育水平（小学、初中和高中）上都很高。其所传达的信息非常清晰：教师作为一个集体如何认识他们的影响和学生的进步，与学生的成功最为相关。

教师的集体效能感是指教师对克服任何障碍和限制有高度的自信，并且拥有一种集体信念，即全校学生在每一年都能获得超过一年应有的成长。显然，这亟需一种学校领导力来营造组织氛围，建立合作的学校规范，留出时间和指明方向，使学校的所有教师都能共享这份信心，并对真正做出改变形成高期望。然而，我们需要非常注意的是，要寻找证据来证明它正对学生学习产生理想的影响，才能维持集体效能感的提升。并非所有的成长型思维都能带来成长，只有基于证据的成长型思维能带来成长。

伊尔斯的研究基于两个主要观念。首先，我们需要对自己的能力有信心，有信心去组织和教授学生产生既定结果。当我们对这些结果有适当的高期望时，就更有可能从学生那里得到更好的结果。（当然，如果我们的期望低，我们也会成功。）其次，要分享我们的期望，至少是为了检验它们是否充分且可实现。这意味着我们需要分享我们关于影响的概念、我们如何知道这种影响在学生学习中得以实现，以及这种影响看起来是什么样的范例，并一起批判我们对影响力大小的信念。

伊尔斯提供了一个有力的例子：

> 如果集体活动是由很多单独的成功组成的，就像田径队那样，那么最好是衡量和汇集行动者的个人效能感。当整个团队必须相互作用时，就像篮球队一样，集体活动是合作的产物，那么衡量团队成员对团队整体能达

27

成什么的信念会更有意义。

(p.66)

在学校里，集体效能感受学校组织特征的影响很大，例如管理者是否积极地鼓励教师合作。然而，如果我们让谈话围绕教育学生时难以克服的困难（他们的出身、他们的父母、他们缺乏动机、他们缺乏准备），那么很可能会损害教师的效能感。在学校里，如果教师们能够携手努力寻找解决学习、动机和行为问题的方法，学生就是主要的受益者。

学校中应该少一些关于"如何教学"、多一些关于"教学的影响"的叙述。"在5年级英语上达到优良"是什么意思？在8年级的体育训练中获得了至少一年应有的成长是什么意思？有什么证据表明这影响了学生的学习，影响了学生对学习的思维方式，能让我们相信这是一年的成长？没有简单的答案，但只有通过集体对话树立起信心，我们才能认识到这些使学生的学习结果发生真正改变的不同程度的影响。影响的证据不太可能只有一个来源——它需要考试分数、课堂上的作品、对学生的观察或者聆听他们对学习的看法之间的三角互证。

我们看到发展集体效能感有以下九个步骤，这些步骤支撑着"我与同事和学生合作，确定什么是进步和影响力"这一心智框架。第一，理解"我引发学习"。第二，认为对所有学生抱有高期望很重要，并认可"我们共同对每个学生负责"。第三，具有与寻求评价"我的教学影响"有关的评价思维。第四，拥有"我"技能（"I" skill，包括"我"有良好的自我认知，"我"是一个关于自身影响力的学习者，"我"可以管理关于自身影响力的冲突意见和质疑之声）和"我们"技能（"we" skill，包括"我"有很高的社会敏感度，"我"希望朝向一个共同目标去改善，"我"准备好去解决问题，"我"信任和尊重他人的观点）。第五，与他人合作寻找影响的证据，以滋养和证明我们做出真正改变的高度自信心。第六，可以与他人合作，就本学年所要实现的充分的和高水平的成长达成共识。第七，准备好做出精准的诊断，包括学生将什么东西带进课堂，他们如何进行学习，以及"我的教学"对这些学生产生了什么影响。第八，和同事一起进行评价，对学生的进步形成共同的概念，并且分享我们对自己所产生的高度积极的影响所感到的喜悦，并继续合作使这种影响最大化。所有这一切都取决于第九步，取决于学校领导者能够发挥其应有的作用，即让这种合作合法化，支持和尊重它，并为发展集体效能感建立信任和留出时间。

微格教学

微格教学是指小组合作策划小型课堂，并借助视频进行分析和讨论的方法（见图 3.1）。它可以引申为观看教师在普通课堂上的视频。微格教学将教学实践和教学行为放在了"显微镜"下进行观察，但更重要的是，它使我们能够讨论教师对学生的影响。这个因素的效应量为 0.88，这证明了其有效性。但是，很重要的是，我们要在使用微格教学来观察教师教学和观察教师教学的影响之间做出区分。能够带来真正改变的主要是后者。这也有助于教师在观看自己的教学时"出声思考"（尤其是在关闭音频的情况下），听一下他们自己的心智框架，以及他们提出的在每个时刻所做的决定。发挥作用的不是"微格教学"的技术，而是它让我们有机会聆听教师的想法，审视他们对学生的影响，从而创造一个关于思考和影响的共同对话。

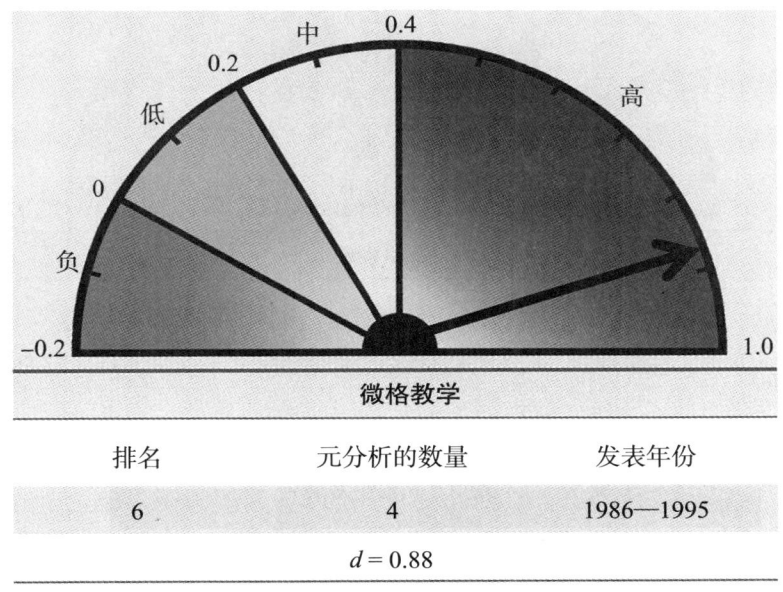

排名	元分析的数量	发表年份
6	4	1986—1995

$d = 0.88$

图 3.1 微格教学

数据来源：Hattie & Zierer（2017）。

专业发展

在"可见的学习"中，"专业发展"达到了较大的效应量（$d = 0.51$），不过，它也是比较多变的影响因素之一（见图 3.2）。也就是说，并不是每一个教师在职培训和继续教育项目都是成功的。相反，成功的专业发展项目的特征是教师共同努力去了解、提高和评估自己对学生的影响。我们重申，正是学习的合作性质带来了真正的改变。尽管需要注意的是，当专业发展的目标是针对学生个人的学习需求时，这种合作可能不那么重要，但当专业发展针对的是在学校层面上的目标时，那么合作就是不可或缺的。后一种情况需要积极的学校领导力，通常也需要外部专家来确保专业发展的投入和影响，还需要进行需求分析，从而不仅确保选择了适合的专业发展项目，而且将其作为后续评价专业发展的影响的基线。

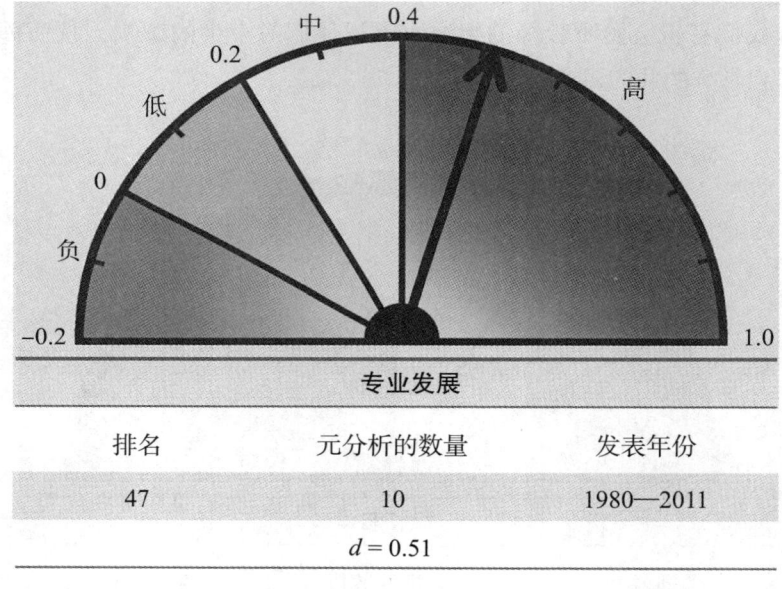

排名	元分析的数量	发表年份
47	10	1980—2011

$$d = 0.51$$

图 3.2　专业发展

数据来源：Hattie & Zierer（2017）。

　　与其他学习过程一样，反馈是专业发展的关键因素之一。在这种情境下，向教师提供的反馈不应只侧重于任务和过程层面，而且要更聚焦于自我调节的层面。如果专业发展能够向教师提供具体的目标和步骤以评价和改进他们的未来教学，教师将会受益匪浅。同样重要的是，参与者应该有机会就专业发展测评进行反馈，这样就可以根据他们的学习水平进行调整。

集体智慧是交流与合作的产物

我们每个人都知道鼠标是什么以及如何使用，但只有少数人知道它们是如何工作的，知道它们是如何被制造的人数更少。从这一例子进一步引申，我们大多数人没有能力制作鼠标的所有必要零件以及将它们组装成一个可用的鼠标。制造一个看似如此普通的物品所要完成的任务是如此复杂，只有在许多人的交流与合作下才有可能完成。发明鼠标所需的技术积累包括原材料生产与加工、塑料工业，以及尤其是编程方面的进步。

人们可能会提出反对意见，认为这种交流与合作的形式只适用于复杂的事物，但是考虑一下铅笔——这种书写工具比鼠标有更为漫长的历史，而且看起来不那么复杂。然而，在这种情况下，我们也会怀疑，一个人是否有足够的能力砍倒一棵树，晾干并切割木头，制造铅笔芯，最后将木头和笔芯组合起来，生产出一支铅笔。总而言之，铅笔的生产同样涉及交流与合作。

社会科学家使用"集体智慧"（collective intelligence）这个术语来洞察这些关系。这个词可以追溯到古代。亚里士多德在他所谓的"德性加总论"（summation argument）中提到这一思想，它也可以回溯到希腊哲学家认为整体大于部分之和的理念。在我们这个时代，马特·里德利（Matt Ridley）因为他的《理性乐观派》（The Rational Optimist, 2010）一书而声名大噪。他举了很多例子来说明集体智慧带来的可能性和机遇，包括本章开头的那则短文所描述的场景。最后，他甚至认为集体智慧是文化、制度和个人取得成功的关键特征，因为所有那些不那么成功的文化、制度和个人都是封闭的，缺乏思想和物品的交流，并且因此缺乏合作。孤立意味着停滞，从长远来看甚至会导致倒退。

我们的教师一直以来都和交流与合作有一种矛盾的关系：一方面，我们要求学生每天都开展合作，并将其视为重要的教育价值观；另一方面，虽然我们在自己的教育过程中经历了如何让学习者互相讨论和合作，但我们本身在学习这些技能时却很少得到支持，而且在这项重要的任务中很大程度上只能依靠我们自己。此外，许多教师甚至在他们的早期教育阶段所经受的社会化就是被塑造成独行侠，最看重的是拿到好分数，展现出最佳表现，以及做出最令人信服的课堂展示。为什么我们要把自己的想法、材料和教案提供给别人呢？我们经常听到这样的说法：有些老师认为与同事之间的交流与合作只不过是浪费时间，因为别人所能提供的东西是那么少，而他们独自工作也能做得很好，效率也很高。此外，"我的教室是我的私人领域"。我们会认为一些同事是"社会无赖"，他们坐在教室后面，几乎不参与，却把团队中其他人的功劳据为己有。这在个别情况下可能是真的，但一概而论就可能是错的了。为了证明这一点，马特·里德利举了下面的例子，它只关注时间方面，但仍然可以用来说明交流与合作的力量（参见 Ridley，2010）。

亚当（Adam）和奥兹（Oz）都能制造长矛和斧头。亚当做一支矛需要 4 个小时，做一把斧头需要 3 个小时；而奥兹能在 1 个小时里做一支矛，在 2 个小时里做一把斧头。如果他们每个人需要制作一支矛和一把斧头，亚当完成这项工作需要 7 个小时，而奥兹只需要 3 个小时（见表 3.1）。

表 3.1　亚当和奥兹独自工作所花的时间

单位：小时

	亚当	奥兹
矛	4	1
斧头	3	2
总和	7	3

如果两者一起工作，会发生什么？起初，这似乎对奥兹没有什么意义，因为与亚当一起制作两支矛和两把斧头，不会节省任何时间。但如果他们把工作分成如下几部分呢？奥兹以他的能力用 2 个小时制作两支长矛。作为回报，亚当以他的能力用 6 个小时制作两把斧头。然后他们交换一支矛和一把斧头。在这种情况下，亚当和奥兹都比他们单独工作时少花一个小时来获得一支矛和一把斧头（见表 3.2）。

表 3.2　亚当和奥兹合作所花的时间

单位：小时

	亚当	奥兹
两支矛	0	2
两把斧头	6	0
矛和斧头的交换		
总和	6	2

交流与合作显然对双方都有好处——尽管我们忽略了做出来的矛和斧头有质量优劣之分这一事实。即便如此，以这种方式节省时间本身已经是集体智慧的一种形式，而且当需要完成的任务变得更加复杂时，益处只增不减。

如果我们把矛换成工作表，把斧头换成测验呢？或者，更进一步地说，如果我们用设计课程、评价教学的经验、反馈、目标制定、师生关系、动机、实践、差异化、课堂管理等方面的想法来代替矛和斧头，结果会怎么样呢？在这些情况下，集体智慧的益处不仅是缩短了工作时间，而更多在于发挥了对话的力量，利用了交流与合作的力量，促进了团队的专业发展。所有这一切不仅是信息的交换，也不仅是收集材料以及对其进行归档的行为。在对个人能力和心智框架进行深入、建设性和集中的讨论时，集体智慧会变得更加清晰可见。

是时候在我们的学校中建立一种交流与合作的文化了，这样我们就可以充分利用集体智慧的力量，使学生和教师都获益。

协同教学：一个看似不言自明的因素的可能性和局限性

"我与同事和学生合作，确定什么是进步和影响力"受到的批判之一是"合作教学 / 协同教学"在"可见的学习"的排名中处于一个较低的位置。"合作教学 / 协同教学"这一因素排在第 118 位，其效应量为 0.19，远低于许多人的预期。怎么会这样呢？协同教学在实施时需要做出很大的让步，承担巨大的成本，但其效果怎么会如此之低？"合作教学 / 协同教学"这一因素再次证明，理解一个因素为什么不成功，是在未来提高其有效性的基础。那么，我们应该如何理解协同教学的效应量之低？

一则轶事可能有助于回答这个问题：奥地利的专家建议在全纳课堂上引入协同教学，以应对此类课堂上显然要面对的额外的教育和教学挑战。很快说到做到——每个全纳班级都配备了两位教师。过了一段时间，就有可能观察到教师之间关系的有趣发展。他们为教室里的第二位教师起了一个特别的名字："投影仪老师"。为什么？因为这位教师总是靠在投影仪上，而另一位教师在讲课。当第一位教师完成教学以后，她会走到投影仪附近，把班级的责任移交给她的同事。这充其量是并行的"单一教学"，忽视了协同教学的力量。

故事中所描述的教学不是协同教学，因为教师们不是一起教，而是一个接一个地教。而且，如果协同教学只包含这些，它的效果就不会比一次一位老师授课（传统课堂的经验）的效果大很多。相反，协同教学要求教师拥有特殊的能力和心智框架，因为授课是一项高度复杂的活动，它不会因为两人一组完成而降低复杂性。这种复杂性要求教师必须具备以下能力：共同分析学习者初始的学习水平，共同设定教学目标，共同设计任务并根据需要进行个性化的调整，共同授课，最后共同评价课程。他们互相之间可能需要高度的社交敏感性、倾听能力，以及建立高度信任的能力。这一切都不容易。最重要的是，备课、传授和评价课程需要的不仅仅是能力。它也需要很多心智框架：敢于在同事面前犯错，愿意做出妥协，约束自己，控制自己的想法和喜好，准备好去承担也许自己不是特别擅长的任务，或者有勇气去尝试需要依靠同事才能完成的事情。不幸的是，在教师教育项目中，这些心智框架还没有被有意识地、系统地教授。太多年轻老师只希望有一间自己的教室——让我一个人在教室里，让我创造资源，让我独自批改。难怪经过几年特别忙碌的工作后，他们觉得"没有得到支持"。"好教师"是资源开发者、学生作业的批改者、自己所在领域或地盘的国王，这些观念削弱了合作性（即与其他教师合作形成关于影响和进步的概念），也是使教学发展成一种专业的主要障碍——如果这是心智框架的话，那么学生将是失败者。

因此，协同教学需要高水平的能力和心智框架。成功的协同教学作为集体智慧的一种形式，并不是自然而然出现的。它需要交流与合作，因此也需要教师的能力和心智框架。当它是真正的合作，聚焦于使集体影响力最大化时，它就会对学生产生更大的影响。

我从哪里开始？

前面讨论的研究结果清楚地证明了一件事：成功的交流和合作所必需的能力和心智框架是需要学习的。在这一背景下，尝试掌握"我与同事和学生合作，确定什么是进步和影响力"这一心智框架的一个很好的起点是首先意识到自己在交流与合作方面的行为，然后利用这些知识来确定哪些领域的合作可以产生持久的积极影响。下面的清单可能有助于这一反思。它试图确定不同水平的合作，并且按困难程度排序。

合作的步骤

1. 相互讨论。

2. 相互支持与批评。

3. 共同备课与评价课程。

4. 共同授课。

这一系列的步骤基于这样一种认识，即讨论一般的教学标准比相互支持与批评对一堂课的具体想法更容易，而且这两个步骤都比共同备课与评价课程更容易。教师之间合作的最高形态就是共同授课，并且一起评价这些课程对学生的影响——尤其因为这代表了所有团队合作的最高成就，它不仅涉及整合团队成员的思维，还涉及整合他们的行动。

核心技能是共同商议成功标准，诊断学生现在知道什么和能够做什么，以及计划的干预是否可能使学生到达我们希望的程度。这种对成功的适当标准和课堂所能带来的预期成长的共同讨论是最为重要的。

基于这些考虑，我们想提醒大家不要过于草率地实施协同教学。只有在教师掌握必要的能力（包括高度的信任和社交敏感性）和心智框架后，他们才能继续推进交流与合作。作为第一步，我们建议你与同事讨论你对学生成长的期望。一种好方法是考虑以下这个来自"可见的学习"的诸多因素的表格（见表3.3），根据自己的教学经验评估它们的有效性，然后与同事讨论。你们会发现你们的观点经常是不同的，你们对这些因素的理解也是如此。但这正是教师需要进行的讨论，他们需要像教育专家一样，就自己的思维和行动交换意见并展开合作。

表3.3　"可见的学习"中的部分因素

	负	低	中	高
班级规模	○	○	○	○
开放班级 vs 传统班级	○	○	○	○
视听法	○	○	○	○
学科知识	○	○	○	○
皮亚杰项目	○	○	○	○
目标	○	○	○	○
分散练习 vs 集中练习	○	○	○	○
师生关系	○	○	○	○
合作学习	○	○	○	○

续表

	负	低	中	高
直接教学	○	○	○	○
社会经济地位	○	○	○	○
动机	○	○	○	○
反馈	○	○	○	○
形成性评价	○	○	○	○
合作教学 / 协同教学	○	○	○	○

　　合作的下一步可能是共同运用"我驱动变革，相信所有学生都能进步"这一心智框架。举例而言，本书接下来的几章将会描述动机的 ARCS 模型（Attention, Relevance, Confidence, Satisfaction，即注意力、关联性、自信心和满意感），我们将会谈到动机在课堂导入时的重要性。教师面临的另一个极大的挑战是学会如何发挥他们的教学创造力，在课程开始时就使学习者对主题感兴趣和吸引他们的注意力。教师每天都在反复地体验这有多困难，他们的尝试也不总是会成功。因此，十分令人惊讶的是，几乎没有一所学校尝试在教师之间收集和分享有效的课堂导入。相反，每个人都试图独自完成这项重要的任务。那么，为什么不将你们的教学创造力汇集起来呢？采取 ARCS 模型，尽可能多地收集动机策略（motivational strategy），反思并与同事讨论它们，尤其是讨论这些策略的有效性和你使用它们的经验。例如，你可能会注意到在选择媒介时应该考虑什么，学生对你采用的策略有何反应，哪些地方不够清晰，以及学生提出了哪些改进建议。在教学中为自己的思考和行动寻找证据的过程，显然与"我评价自己对学生学习的影响力"这一心智框架有关，因为只有学生才能为这些问题提供有意义的答案。

　　前面引用的例子展现了在"可见的学习"中反复强调的关于合作的主要思想：认识你的影响力。这意味着教师之间的交流与合作应该聚焦于对教学提出疑问，以衡量教学的有效性和寻找证据。因此，合作不是为了积累大量的材料，不是为了描述学生，不是为了诊断父母，也不是为了羞辱同事，而是为了审视自己关于教学和在教学过程中的思维和行动，并自问：什么是无效的？为什么无效？那么，什么是有效的？为什么有效？后两个问题尤其重要，因为它们与职业满意度息息相关：知道自己是一名成功的教师以及为什么是。

　　当然，没有必要在所有领域和任何时候都完成合作的最后一个步骤。更确切地说，前面介绍的清单是作为一种指南，以确保人们不会操之过急，使敏感的合作领域不堪重负。这种敏感性反映在其所涉及的基本心智框架中：合作需要特定的心智框架，尤其是信心和信任。历史上著名的德国首任总理奥托·冯·俾斯麦（Otto von Bismarck）提醒人们注意这一点，他说："信心是一株娇嫩的植物。一旦它被摧毁，它就很难在短时间内恢复过来。"

检查单

下次备课时反思以下几个问题：

- 知道合作是教育专长的一部分。
- 与同事交换意见，讨论教学。
- 通过分担责任来降低工作负荷。
- 从一般性问题开始，逐步应用到具体的课堂上。
- 一起看看教学材料，比如工作表、板书或作业。
- 以学生的学业成就作为你进行交流与合作的基本理由。
- 与你的同事合作寻找证据。
- 就你的能力和心智框架两个方面，反思你的教学和你的合作。

练习

- 回到本章开头，用不同颜色的笔填写自我反思问卷。你对那些陈述的看法发生了什么改变？而且最重要的是，为什么发生了改变？与同事讨论你的自我评估。
- 向一位同事介绍你的一节课、一张工作表、一幅板书、一段视频或其他教学辅助工具，并询问他这些材料是否在哪些方面不够清晰。上完课再和你的同事见面，讨论一下学生们有何体验。
- 向同事展示你为某一节课设定的目标、分配给学生们的任务，以及他们是如何完成的。基于他们的学业成就，讨论一下这些目标在多大程度上与不同的学业成就水平相匹配，任务的描述是否足够清晰，以及这些任务是以何种方式呈现的。

第四章　我驱动变革，相信所有学生都能进步

自我反思问卷

通过对以下陈述的同意程度来进行自我评估：1= 非常不同意，5= 非常同意。

我很擅长……

运用成功的方法使我的教学更加差异化（因材施教）。

运用多种策略提高学生学习动机。

我非常清楚……

我的教学对学生有影响。

有各种各样的策略能增强动机。

我的目标总是……

通过我的教学影响学生。

在学习过程中激励学生。

我完全相信……

通过我的教学，能对学生产生积极的影响。

不断地询问我的教学所产生的影响，这很重要。

短文

40

想象如下情况——也许它甚至会让你想起自己的童年时代：一个高度积极和充满好奇的学习者决定探索一个新的知识领域，但他从父母那里听到的是"你做不到，这太难了"。努力能否带来成功悬而未决，学习者能否成功地让父母相信他们是错的？他有这个力量吗？还是说，他会相信身边的人，因为他们的意见而压抑自己的兴趣和动机？假如这个学习者听到的是"你能做到，我们相信你"，他的学习过程会多么不同。他的兴趣会增长，他的动机会增强，释放出他自己都不知道的力量。信念真的可以移山。

这一章讲的是什么？

这则短文阐述了本章的主要信息：学习与视角有很大关系，特别是教师的视角及其对学生动机的影响，父母的视角及其对学生信心的影响，同伴的视角及其对学生参与度的影响，学生本身的视角及其影响——将自己视为学习的消费者还是生产者。如果学生没有学习，那是因为我们还没有找到让学习发生的策略。成功的学习需要有特定的视角，学生周围的所有人（老师、家长、同伴）都有责任建立、支持和发展积极的视角。这必然涉及将自己视为变革的驱动者。

当你读完这一章以后，你应该能够用这一信息解释：

- "课堂管理""先行组织者"和"基于问题的学习"等因素的重要性。
- 动机对学习有什么影响，教师有哪些可能的方法来激励学生。
- 为什么你应该基于有效的证据和你对学生需求的了解，选择合适的策略以支持学生的学习。
- 没有必要完全说服每个人相信你自己的想法。只要让一定数量的人相信你的愿景就足够了。

41

"可见的学习"的哪些因素支持这一心智框架？

尽管政治竞选活动压力重重，但从社会科学的角度来看，它们还是很有教育意义的。例如，巴拉克·奥巴马（Barack Obama）在竞选总统时所用的这张海报（见图 4.1），思考一下它引起了你什么样的感受。

图 4.1　改变你所见

当看到这张海报时，几乎没有人会有负面情绪。它所传达的信息是完全积极的：改变是可能的。你的生活由你自己决定。它使你成为变革的核心驱动者。它意味着你可以成功。因此，竞选活动的口号是"是的，我们行！"。

让学生在学习中有能动性确实是学习的一个主要目的，但这并不意味着我们就不去管他们了；相反，我们要求他们掌控自己的学习，但是也要和他们一起努力去获得这种能动性——包括寻求帮助，发现他们不知道的东西，以及超越他们现在力所能及的事情。

拓展探险课程（Outward Bound Adventure）是超过平均效应量的因素之一。为什么划皮划艇下白河或沿绳索下悬崖能够提高数学和阅读成绩？为了理解这一效应，我们花了 10 年的时间去研究拓展学习。如果你从来没有划皮划艇的经验，没有在河流弯道中陷入过困境，那么你就没办法学会控制学习，没有时间去学会解决问题，你也没有足够的知识去解决问题——你需要知道如何在短时间内寻求可靠的帮助。同样，在学校教育中面临问题时，我们需要知道如何寻求帮助，我们需要有高度信任的氛围，使人们愿意寻求帮助或能够接收到求助的信息，你需要被置于一个面临犯错的挑战的境地中（走出舒适区），而且必须有人能够帮助你解决困难，然后又放手让你用船桨去迎接下一个波浪。在我们最需要学习和寻求帮助的时候，这可以创造出一种"是的，我们行"的思维模式。

"成长型思维"这个概念是由卡罗尔·德韦克（Carol Dweck）从她一生细致和精确的研究工作中发展出来的。她指出，成长型思维可以激发不同的目标和重塑人们对努力的看法，但她从未在学术著作中提到，有一种心态叫"成长型思维"——这不是一个人的属性，而更多是一种特定情境下的思维方式。她进行了许多研究，以了解何时何地可以唤起这种思维来产生更好的结果。与其说它是一种存在状态，不如说它是一种应对策略。

"特定情境"是当我们不知道答案的时候，当我们犯错的时候，当我们遭遇失败的时候，当我们焦虑的时候，或者当我们不知道下一步该做什么的时候。请注意德韦克的一些主张，例如：

43

> 在难以共情的情境中，成长型思维会让我们更努力地共情（例如，当我们不同意某人时，或者当我们不认识的人正在遭受痛苦时）。
>
> （Murphy & Dweck，2016，p.487）

> 在学生过度自信的情境中，他们将更少的时间分配在困难的问题上。
>
> （Murphy & Dweck，2016，p.98）

> 成长的触发点：当我们面临挑战时；受到批评，或与他人相比表现不佳时；受到威胁，或有所戒备时。
>
> （Dweck，2015，pp. 3-4）

同伴冲突和同伴排挤。

（Yeager & Dweck，2012，p.309）

当我们犯错或暴露不足时，尝试掩盖错误，觉得自己缺乏能力。

（Dweck，2017）

那些认为"失败使人气馁"的人与那些认为"失败使人强大"的人相反。

（Haimovitz & Dweck，2016，p.866）

关键的问题是，"什么情境适合运用成长型思维，而不是固定型思维"。在这些情境中，成长型思维有助于解决问题，推动人进步，而非导致抗拒、过度反应，或者由于恐惧而逃进一个固定的思维中。

最近，德韦克（Dweck，2017）指出，她的研究与学生如何感知自己的能力直接相关——这一主题已经有很长的历史，相关术语包括"自我归因"（self-attribution）、"内外控倾向"（locus of control）、"校准"（calibration）和其他一些相关概念。她在两个核心观点之间建立了一种对比：认为人的智力或能力可以改变的信念，以及认为人的智力或能力固定不变的信念。像所有优秀的研究人员一样，她指出，她会继续研究这些过程是如何起作用的，在什么情况下会被加强或被误用。例如，她说，成长型思维不仅仅是关于努力、表扬、感觉良好、拥有积极的态度、相信每个人都是聪明的，或者是用来解释为什么有些学生不学习的（"哦，他有一个固定型思维"）。它们不应该被当作学生对学习负责或不学习的典型体现；不应该用来将学生归类为成长型或固定型；不应该用来假定成长型思维只是关于表扬和褒奖努力；不应该通过充满正能量的学校宣言、"我能行"的海报，或者把关于成长的陈词滥调挂在嘴边，来灌输成长型思维，就好像这会导致好事发生一样。

实际上，我们需要更深入地探究学习或不学习的原因：需要有证据表明什么时候应该在实践和课堂语言中使用成长型思维或者固定型思维的概念。通常情况下，一个成年人对"成长"的支持只停留在言语中，而在行动中，尤其是在对孩子们犯错做出反应时却不是如此。德韦克指出，我们所有人都是成长型思维和固定型思维的混合体，我们需要对两者都有更深的理解。目前关于成长型项目的元分析显示其效应量非常低，主要是因为大多数项目并不是德韦克所讲的那种成长型项目，还因为在合适的情形下将固定型思维转变为成长型思维是非常困难的。

　　如果你想要改变别人，那么让他们追求一个具有适度挑战性的目标，激励他们，唤起他们的情绪，这些都是非常重要的能力。这不仅是政治家面临的问题，也是许多教师每天在课堂上面临的挑战：如何说服学习者解决一个更困难的问题，让他们充满热情，以及激励他们？每个教师都知道这绝对不是一件容易的事。随着社会越发多元化，让人分心的兴趣、先前知识和经验的干扰越来越多，这一任务也变得更加复杂。这意味着教师需要成为变革的驱动者。"可见的学习"有很多影响因素能够支持这一主张。我们将在下面描述其中一部分。

创设条件：课堂管理

　　"课堂管理"是影响力最大的因素之一，并且有很长的研究历史，其效应量大小为 0.52（见图 4.2）。良好的课堂管理是建立信任、让公平成为主导，以及让学习发生的基础。预防策略是一种处理课堂上破坏性行为的方法，并且比训斥和惩罚更有效。这一观点在以下的课堂管理策略中得以体现，这些策略是从关于这一议题的各种研究成果中总结而来的。

45

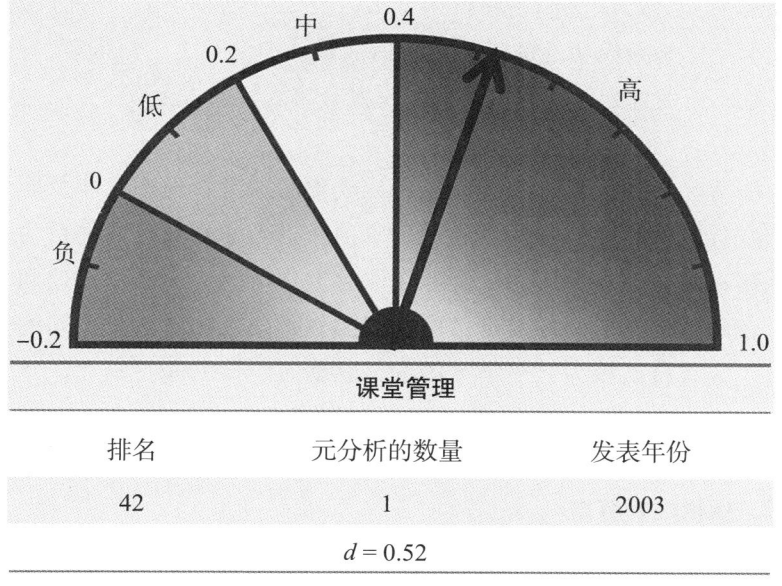

排名	元分析的数量	发表年份
42	1	2003

$$d = 0.52$$

图 4.2　课堂管理

数据来源：Hattie & Zierer（2017）。

- 专注与在场

向学生发出信号，告诉他们你正身处于教室中，可以注意到哪怕是很小的事情。不要立即把全部注意力放在干扰上。相反，你应该把注意力集中在你的课堂上，同时试着解决干扰，例如用非言语信号。

- 流畅性

避免在课堂上出现空闲时间和失去上课节奏，因为它们会让人走神，经常导致课堂中断。这包括与学生一起制定实施一些规则和仪式、工作规程和行为模式。

- 群体关注

尽可能多地尝试同时对所有学生讲话。如果你必须对一个小组进行长时间的讲话，那么就让其他学习者去完成某个任务，让他们专心学习。

- 避免单调

当学生认为课堂体验是启发性的、有趣的、有信息量的和愉快的时，课堂干扰通常是可以避免的。请注意，无聊感是最大的消极因素。最有效的策略是让他们参与到具有适当挑战性的学习中，让他们意识到自己一路以来在学习上逐步取得的成功，促使他们重新投入学习。要做到这一点，一种方法是创设一个可以让学生体验到成功的情境（也包括从错误中学习），并且避免冒犯学生或让学生尴尬，避免分配的任务对他们来说太有挑战性或太无聊。

在这种情况下要记住的关键一点是，成功的课堂管理不仅涉及能力，还涉及合适的心智框架：你的目标是通过采取预防措施来避免破坏性行为，还是通过施加惩罚来应对破坏性行为？虽然在课堂上你可能会不断地在这两个目标之间转换。在两种情况下，你对自己所承担的教师角色的看法是不同的：在第一种情况下，你将自己视为代表学生的变革驱动者，你的职责是在课堂上发起互动；而在第二种情况下，你只是对这些互动做出反应。

为学习提供成功标准

关于为系列课程设计成功标准的文章已经写得太多了。我们以 6—10 周的周期为例，尝试勾勒成功是什么样的。可以是提供 A、B 或 C 级的范例，可以是提前（不一定是在第一天）让学生体验一下与系列课程目的相适应的评估，可以是与那些已经掌握成功标准的学生交谈，也可以是与学生合作共同制定成功标准。另一种有助于理解成功概念的方法是在引向成功标准的课程周期中更详细地描述学习意图（learning intention）。关键在于，如果没有成功标准，学习意图的效果会差得多；学习意图是理解什么是成功的更具体的方法。就其本身而言，学习意图可能是断裂的，太过表浅，太过自以为是，因此它们经常与学习无关，而更多地与怎么做有关。重要的不是我们"今天正在做什么事情"，而是我们"今天正在学习什么"以及"如何知道我们已经达到了目标"。

先行组织者

先行组织者是一种在现有知识和新信息之间建立联系的方法，也是定义和组织关于新材料的后续教学的最重要阶段的方法。先行组织者在"可见的学习"中的效应量大小为 0.41，近乎所有因素的平均值，如果与成功标准相结合，其效应量会增加（见图 4.3）。

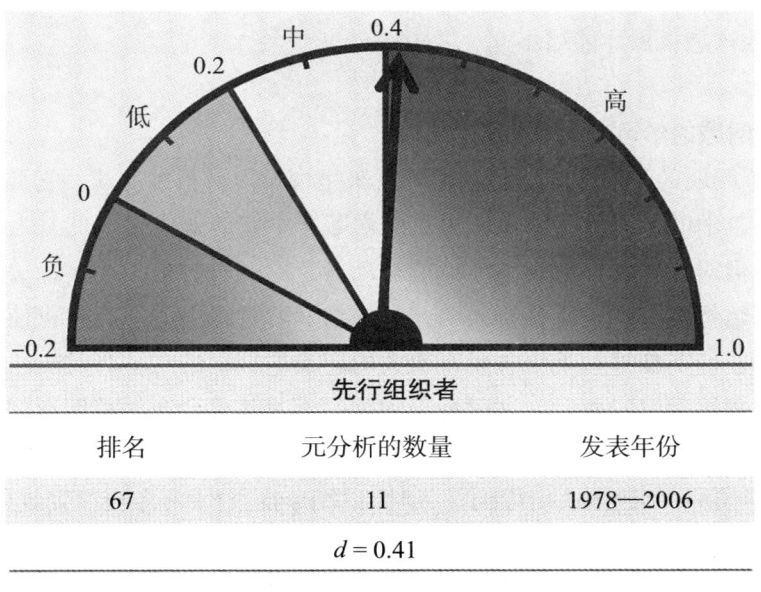

排名	元分析的数量	发表年份
67	11	1978—2006
	$d = 0.41$	

图 4.3　先行组织者

数据来源：Hattie & Zierer（2017）。

由于元分析的结果显示出很大的差异，我们有必要问一下成功使用先行组织者的标准是什么。有两个方面很重要：首先，当先行组织者不仅停留在表层理解，而且考虑到深层理解时，它会更有效。记住，最重要的是使表层理解与深层理解形成一个适当的比例。其次，当先行组织者可以被学习者使用，而不仅是作为一个备课工具时，它能够产生更大的效果。这两个方面使教师能够向学生展示先前知识和经验的重要性，使学生看到未来学习过程中的成功标准，并与学生就这些标准达成共识。这是先行组织者的一个关键优势：它意味着学习者对自己在学习过程中所扮演的角色的理解发生了变化，从被动转向主动和承担个人责任。只有教师把自己视为变革的驱动者，这才会发生。下面所列出的几个问题体现了先行组织者的思想。

我们的话题

- 我已经知道了什么？
- 我需要学什么？
- 我现在知道的与我需要知道的之间有什么差距？
- 我该怎么做才能缩小这一差距？

基于问题的学习

"基于问题的学习"是一种利用问题来呈现学习材料的方法，它源于以学习者为中心教学的传统。尽管在"可见的学习"中它的效应量很低，为 0.15（见图 4.4），但对于"将自己视为变革的驱动者"这一心智框架而言，关于这一因素的研究结果很有趣。元分析表明，如果在学习过程中的适当时机使用基于问题的学习，确实能够对学生表现有很大的影响。这里的"适当时机"不是指学生仍处于表层理解阶段时，这时基于问题的学习甚至会产生负面影响，而是指学生已经达到深层理解阶段时。换言之，只有当学生已经习得了必要的知识基础去完成迁移和问题解决阶段的任务时，基于问题的学习才会产生效果。此外，它不仅要求教师从一开始就有能力确定学生所处的学习阶段，然后布置合适的问题，而且要求教师拥有正确的心智框架，引导学生进入深层理解，激励他们解决问题。从教育学的角度来看，聚焦于问题无疑是一种特别的方法，因为它能够产生一些基本作用，比如建立一种以积极态度对待错误的文化，并使其成为反馈过程中有价值的一部分，增强学习者的自我调节能力，提供更多将班级分成小组的机会。因此，基于问题的学习是否有效，取决于多个方面，这是教师可以基于证据去实施的众多方法之一。

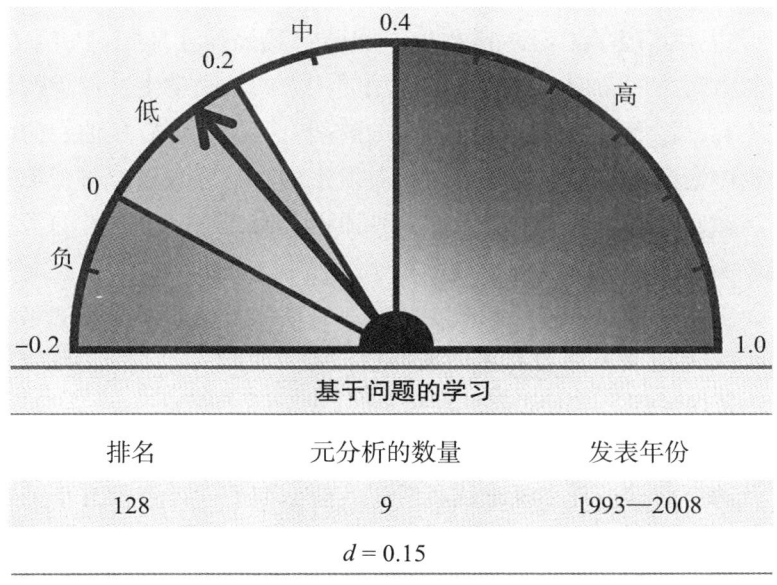

排名	元分析的数量	发表年份
128	9	1993—2008

$$d = 0.15$$

图 4.4 基于问题的学习

数据来源：Hattie & Zierer（2017）。

"课堂管理""先行组织者"和"基于问题的学习"这些因素表明，教师的视角对他们在课堂上的思维和行动有多大的影响。与教师所见所闻同样重要的是，他们采取何种视角，他们被何种信念和判断所引导。因此，教师看待学习和教学的视角对儿童和青少年在学校的成功有持久的影响。

学习者需要被激励

从有关动机对学习的影响的研究结果来看，"可见的学习"中"动机"的效应量为 0.48，这并不令人惊奇：学习需要动机，如果缺乏动机，就难以启动学习的过程。乍一看，这种动机是内部的（内在的）还是外部的（外在的）似乎并不重要，因为学习者在这两种情况下都会努力尝试。然而，当你仔细审视这两种形式的动机时，你会注意到两者在学习强度和记忆保持上的重要区别：外部动机驱动的学习往往停留在表层理解阶段，只能带来短期的学习效果；内部动机驱动的学习能够带来深层理解和长期的学习收益。因此，内部动机比外部动机更可取。

50 　　教师可以用心理学术语来描述这一问题：我如何才能提高学生的内部动机？或者从方法论的角度来思考：可以用哪些方式激励学生？每个教师都知道这些问题不容易回答。在学生踏进教室的瞬间，我们就可以从他们的面部表情和肢体语言中清楚地看出他们是否对将要发生的事情感兴趣。对于学生不感兴趣的情况，教师有两个选择：要么把这种漠不关心当作一个既定的事实，并向这一事实低头，即这些学生将在整个教学过程中迷失方向；要么质疑自己和自己的教学，重新思考是否有可能激励学生，以期激发他们对课程的兴趣。毫无疑问，这个决定取决于是否有正确的心智框架，而且第二个选项将会更成功。教师的责任是在课堂上定下基调，激励学生，而不是相反。

　　顺便说一句，当教师选择的激励策略没有取得成功时，他们也会面临同样的选择。教师有两种选择来处理这种情况：要么辩解学习者没有正确地理解事情，从自己已经尽力的说辞中寻求安慰；要么搜寻新的策略，把学习者的失败看作自己的失败，从而把它当作一种挑战。

　　教育实证研究提供了几个实用的模型来帮助教师应对这一挑战，让他们能够持续地将自己视为变革的驱动者，并采取相应的行动。这些模型尝试综合那些对学生学习有积极影响的方法。激发学生学习动机的一个有用的模型是约翰·凯勒（John Keller，2010）提出的ARCS模型（见表4.1）。

　　该模型区分了四类动机，教师可以采取相应的策略对其施加影响：

- 培养注意力（Attention）的策略，包括在已有知识和观察结果之间制造冲突，运用幽默，或给学生提问的机会。
- 产生关联性（Relevance）的策略，包括突出课程主题对当下或未来的重要性。
- 发展自信心（Confidence）的策略，包括设计学习者（刚好）能够完成或增强其自信心的任务。
- 51 产生满足感（Satisfaction）的策略，包括增强正向的发展，或对学生取得的成就给予意料之外的认可。

表 4.1　ARCS 模型

注意力	知觉唤醒 提供新鲜感与惊喜	探究唤醒 通过提出需要解决的问题来激发好奇心	多样性 结合各种方法和媒介来满足学生的不同需求
关联性	目标导向 展示教学目标与取得成功的具体方法	动机匹配 将目标与学生的需求和动机相匹配	熟悉度 以可理解的方式呈现内容，并且要与学生的经验和价值观联系起来
自信心	学习要求 告知学生学习和表现的要求及评估标准	成功机会 提供成功学习所需的具有挑战性且有意义的学习	个人责任 将学习成功与学生个人的努力和能力相联系
满足感	内在强化 鼓励和支持对学习经验的内在享受	外在奖励 提供正强化与激励性反馈	公平 保持一致的成功标准与结果

资料来源：Keller（2010）。

同一种激励策略不可能对每个学生都适用，因为他们已有的动机可能有所不同。这意味着有必要多管齐下，但也不要迷失方向。

反对为了多样化而多样化：呼吁基于证据的多样化方法

一种普遍的信念是，一堂好课就是流畅且没有丝毫停顿的，教师尽可能多地使用不同的方法，让学生尽可能地保持忙碌。像这样的课当然显得井井有条且结构良好，但仅凭这样并不能使它们成为好课。学生长时间地参与活动，并不意味着他们有效地利用了学习时间；而使用了各种协调良好的方法，并不意味着所有学习目标都能够被实现。为了说明这一点，思考以下关于教师教育的轶事。不幸的是，这样的情况不只是过去才有，而是如今仍在发生。

许多实习教师都曾经被要求上一堂示范课，这堂课需要含有个人、同伴和小组活动，其特征是要有教师讲授、学生演示和课堂讨论。如果实习教师能够顺利地将所有这些元素都整合到课程中——讽刺的是，如果事先排演过，学生

52

被训练去正确地扮演他们的角色，那么实习教师通常能够做到这一点——他就能获得一个很好的分数，理由是他的课堂整合了多种方法。

然而，在这个例子中，重点被放在了错误的方面：与教师使用的方法是否多样相比，更重要的是这些方法在多大程度上是成功的，以及学生们是否达到了目标。实际上，示范课的关键问题应该是：第一，课堂上使用的方法是否有助于实现学习目标；第二，实习教师是否在课堂上证明了这一点，是否为其提供了实证证据。这让证据成了选择方法的标准，并在实践中证实了沃尔夫冈·克拉夫基（Wolfgang Klafki，1996）的理论假设，即教学的效果应该优先于方法。

这一观点也清楚地表明，没有单一的最佳教学方法。问题不在于提倡某种特定的教学方法，而是应更多地探求所采用的教学方法的影响，以及是否应该改变教学方法以达到课堂的成功标准。例如，如果教师没有成功地使学生达到学习目标，那么即使他出色地实施了经过精心策划和富有创造力的学习设计，那也不是一堂好课；如果教师通过单调的课程成功地引导所有学生走向成功，那么这就是一堂好课。当然，这些条件也可以以相反的顺序出现。①

然而，以下考虑表明了为什么要求实习教师在示范课中使用尽可能多的方法仍有其意义：衡量教师是否能成功地使用单一的方法较为简单，但衡量在教学过程的不同步骤中是否成功地使用多种方法，却需要大量的专业知识来提供证据。

因此，我们建议采用多种基于证据的方法：即使只出于学生在课程开始时的学习水平存在差异这一因素，采用多种方法也是必要的。同时，正如约翰·弗里德里希·赫尔巴特（Johann Friedrich Herbart，1808）所称，这种"心智的多样性"也要求我们去考察哪些方法被成功地实施，哪些没有，以在接下来的教学过程中做出基于证据的决策。

基于证据来使用方法不需要额外的、高度标准化的、科学的数据收集程序——已经有足够多的可用数据了，并且在许多情况下，我们在开展新研究之前最好充分利用现有的数据。在这个语境下，证据指的是教师在正常上课期间收集的现有数据。仅举几个例子，比如对小组作业的观察、工作表的完成情况、学习者的言语，或者是家长会。分析这些数据产生的影响，将其与个人的思维和行动联系起来，并利用实证研究结果来支持决策，这些都是"可见的学习"中所推荐的"基于证据的方法"的关键要素。因此，问题不在于收集更多的数

---

① 这句话的意思是：精心策划的学习设计，如果使学生达到学习目标，那么就是一堂好课；单调的课程如果无法引导学生走向成功，那么就不是一堂好课。

据，而是以另一种方式看待可用的数据。

临界点：成功变革的条件

校长会经常问自己，如果要实施某种改革，他们需要争取多少教师的支持。同样，教师也会一遍又一遍地问自己，需要从学生那里得到多少支持，才能成功地发起一个学习过程。人们经常听到的答案是：100%。

这个答案不但将那些与之相关的人置于巨大的压力之下，而且是错误的：经济学的研究结果（参见 Endres & Martiensen，2007）表明，一家公司想要在市场上实现垄断，其市场份额不需要是 100%，也不需要是 50%，而只需 20%—30% 就足够了。这说明，要实现变革，只需达到一个临界点。

博弈论学者谈到了这样的临界点。一旦达到临界点，无需任何进一步的干预，就能自行发展，实现系统变革，并用新系统取代旧系统。研究表明，这种效应在群体动力过程中特别普遍，因此对所有领导和管理形式都非常重要。

所以，校长只需说服一定数量的教师将其愿景成功地转化为行动，教师也只需激发学生一定程度的兴趣与动机，就足以发起一个学习过程。虽然在具体情形中，没有一个总体的公式来衡量临界点需要有多高，但有一点是肯定的：这个临界点小于 100%。

对成功变革所需条件的这一洞见，一方面减轻了压力，另一方面也提供了鼓励。它表明，即使还没有让所有人都参与进来，开启改革也是值得的。实现成功的关键是达到临界点。

我从哪里开始？

在学校和教学中有许多改变的可能性，我们对前一个主题的讨论已经为发展新想法提供了丰富的材料。在接下来的内容中，我们将聚焦如何应用各种基于证据的方法，因为这是让学习可见的一个关键因素，构成了"我驱动变革，相信所有学生都能进步"这一心智框架的核心。

首先，我们要指出与书的这一部分特别相关而又在所有各章中反复出现的两个基本思想："我驱动变革，相信所有学生都能进步"这一心智框架，既要求教师不断地寻找证据，也要求与同事密切合作。证据是必要的，因为它有助于判断一个方法是否达到了理想的效果，以及学生发生的变化是否符合你的思维和行动目标。由于你对某一情况的感知与他人的感知往往存在差异，因此与其他老师讨论你的教学也很重要。他们可以帮助你看见自己的影响，以批判的眼光看待它，并使其朝着建设性的方向发展。从这个角度看，正是你的同事激励着你发展自己的专业性和专长。或许可以得出这样的结论：人多见识广。或者正如马丁·布伯（Martin Buber，1958）所言：一个人通过"你"变成了"我"。这里值得注意一下第三章的"我与同事和学生合作，确定什么是进步和影响力"。

在本章开始时，我们就指出学习有赖于动机，教师需要掌握各种激励策略。你可以基于 ARCS 模型反思你喜欢使用的策略，以此作为开始。为此，请填写表 4.2。与同事讨论你的自我评估。

55

表 4.2　基于 ARCS 模型的自我评估

我应该使用哪些激励策略?			
注意力 （ATTENTION）	关联性 （RELEVANCE）	自信心 （CONFIDENCE）	满足感 （SATISFACTION）

几项研究让人们注意到了这样一个令人遗憾的事实：在一个典型的学校教学周中，教师谈论自己教学的时间比谈论其他任何事情的时间都要少。这就是为什么许多教师花费了多到令人沮丧的时间，试图独自决定在教学过程中应用哪种激励策略。这需要教学创造力，而在团队中发挥创造力要容易得多。因此，下一步是和同事一起进行头脑风暴，想出各种激励策略——首先是针对具体的课堂，然后拓展到整个教学过程。在应用这些动机策略时，一定要把重点放在评估它们对学生的影响上，比如通过应用各种反馈方法并考虑学生在课堂上的学习表现。与你的同事讨论这些观点，并互相敦促以产生数据。最重要的不是你的直觉，而是现实，而让现实可见的最好方法就是通过成功的学习。检验所有方法，然后保留最有效的方法，并将证据作为你的试金石。要做到这一点，一个好方法是完成表 4.3，它可以让你密切地监测你在特定教学流程中所采用的基于证据的激励策略是否取得成功。

表 4.3　从学习者的角度看激励策略及其有效性

注意力 （ATTENTION）		关联性 （RELEVANCE）		自信心 （CONFIDENCE）		满足感 （SATISFACTION）	
	高 中 低		高 中 低		高 中 低		高 中 低
	高 中 低		高 中 低		高 中 低		高 中 低
	高 中 低		高 中 低		高 中 低		高 中 低

　　对于其他教学原则，我们也可以制作类似的表格，一边描述你使用的各种方法，另一边记录从学习者的角度看它们的有效性。表格里可能包括各种不同的方法，帮助你对目标、内容、方法、媒介、空间和时间做出决策。表 4.4 提供了一个示例，你同样可以与同事一起完成它，为特定的教学流程做准备。这个表格让你能够根据学习者的不同成就水平——包括单点结构、多点结构、关联与抽象拓展水平——进行整合和设计，这是实现差异化的关键手段之一。

表 4.4　基于学习者视角的差异化策略及其有效性

目标 （GOALS）		内容 （CONTENT）		方法 （METHODS）		媒介 （MEDIA）		空间 （SPACE）	
单点 结构水平	高 中 低		高 中 低		高 中 低		高 中 低		高 中 低
多点 结构水平	高 中 低		高 中 低		高 中 低		高 中 低		高 中 低
关联 水平	高 中 低		高 中 低		高 中 低		高 中 低		高 中 低
抽象拓 展水平	高 中 低		高 中 低		高 中 低		高 中 低		高 中 低

56

考虑到本书所呈现出来的有效性，我们要给出的最后一个例子是刻意练习（deliberate practice）。同样地，与同事合作制定各种策略是一个好主意，把它们写在同一张清单上，并寻找支持它们的证据。在完成这项任务时，不要害怕使用现有的工作表或教科书。学校和教育，尤其是教师教育的最大错误之一，是引导年轻教师相信一切都最好由自己进行设计：没有必要去重新发明教学的车轮。有许多好想法正等着付诸实践，当然也有许多不好的想法甚至不值得一试。去芜存菁是专业性的标志。因此，挑战在于使用现有的材料和寻找证据来确定哪些有效、哪些无效。学生的初始学习水平即便不是影响实践的最重要因素，也是关键因素之一。我们在表 4.5 中再次列出了四个成就水平。

表 4.5　从学习者的角度看练习及其有效性

单点结构水平		多点结构水平		关联水平		抽象拓展水平	
任务 示例	高 中 低	任务 示例	高 中 低	任务 示例	高 中 低	任务 示例	高 中 低

通过结合这些步骤，即通过创建关于动机、差异化和实践的表格和清单，并寻找支持它们的证据，我们就有可能为学习路径建立基础。这些"课堂脚本"包括合适的方法和媒介，以满足为不同教学目标设计学习安排的需求，从而为学习者提供多种选择。在课程起始和学习过程中，可以根据学生的学习水平进行调整（参见 Hattie，2014，p. 88）。这样做的前提条件是，教师必须正确判断学生最初的学习水平，让他们参与正在进行的对话，定期评价自己的教学，并批判自己的方法。在这个过程中寻找证据是至关重要的，所以收集反馈、评估学习过程和开展其他评价程序是很重要的。成功学习途径的必要步骤可以用首字母缩写词 DIE 来很好地总结：诊断（D 是 Diagnose）、干预（I 是 Intervene）和评价（E 是 Evaluate）。

检查单

下次备课时反思以下几个问题：

- 运用多种课堂管理策略。
- 尝试使用预防策略来处理课堂上的破坏性行为。
- 你不需要依靠所有学生的支持来发起变革。可以尝试让一定数量的学生相信你的观点。
- 不要重新发明所有东西。相反，通过寻找证据来检验那些可用的策略。
- 建立学习路径，例如运用各种动机、差异化和实践策略。这样做的时候，不要忘记考虑如何让成功的学习路径可见。
- 对你所选择的方法进行评估，并以学生的评估作为补充。寻求反馈。
- 与同事讨论各种方法，用证据支持你的观点。

58

练习

- 回到本章开头，用不同颜色的笔填写自我反思问卷。你对那些陈述的看法发生了什么改变？而且最重要的是，为什么发生了改变？与同事讨论你的自我评估。
- 设计一条学习路径，描述教学流程中可使用的各种动机、差异化和实践策略。在教授之前和同事讨论，结束以后再次讨论，并且要加入证据。
- 规划你的下一节课，记得考虑学生最初的学习水平，并且要加入先行组织者。与同事讨论你的计划和课堂。

第五章　我乐于迎接挑战，而不仅仅是"尽力而为"

自我反思问卷

通过对以下陈述的同意程度来进行自我评估：1= 非常不同意，5= 非常同意。

我很擅长……

根据学习水平设置有挑战性的任务。

根据学生的学习需求，设定有挑战性的学习目标。

我非常清楚……

我布置的课堂作业应该是有挑战性的。

学习要求对学生来说应该是有挑战性的。

我的目标总是……

设计我的课堂，在其中设置基于学习水平的有挑战性的目标。

设计对学生有挑战性的作业。

我完全相信……

学生努力学习是很重要的。

只有基于学习水平，才能设置有适当挑战性的学习目标。

短文

60

当学习不仅在可量化的意义上，而且在情感层面上清晰可见时，每位老师都会看到学生眼中的火花：学生接受挑战，解决困难的任务。学生所体验到的这种感觉是显而易见的："就差一点点。我可能不会成功。失败的风险很大。但我要试一试。"当学生通过努力和奋斗获得成功时，这会带来多大的喜悦？这些正是使教学变得有价值的时刻——就像舞台上的演员在表演结束时收到掌声一样。

这一章讲的是什么？

这则短文阐述了本章的主要信息：学习需要有挑战性，教师的主要职责就是确保做到这一点，同时确保挑战性任务既不太难也不太枯燥。

当你读完这一章以后，你应该能够用这一信息解释：

- ■ "教师清晰度""目标"和"加速学习"等因素的重要性。
- ■ 如何在课堂上引导学生进入一种心流的状态。
- ■ 学习目标有哪些分类，如何有效实施。
- ■ 什么是"金发姑娘原则"（Goldilocks principle），为什么它对学校和教学有重要意义。

"可见的学习"的哪些因素支持这一心智框架？

教学需要遵循目标，这在实践中似乎是不言自明的。然而，教师在备课时往往没有考虑学习目标（参见 Wernke & Zierer，2016）。通常，他们甚至不能在上完课后说出自己的目标——学生也不能，他们离开教室时与一小时前进入教室时一模一样——但是繁忙的工作已经完成了。

格雷厄姆·纳托尔（Graham Nuthall）花了多年时间倾听学生与教师之间的谈话。从他的研究中很明显能够看出的是，教师不跟学生谈论学习或思考；他们更多谈论的是集中注意力和不打扰别人，他们谈论学生需要使用的资源，他

61

们谈论活动——活动需要多长时间，如果不按时完成会发生什么（Nuthall，2007）。学生们谈论同样的事情：他们不断地比较他们做了多少东西，需要多长时间，标题之下是否需要划线，在哪里找到的答案，是否需要把所有东西都抄写下来。纳托尔很清楚，学生并不是成为内容专家，而是成为课堂程序的专家，这些程序日复一日、一节课接着一节课地印在他们的脑子里。教室中的大多数挑战是了解教师的规矩和程序，而不是来自学习的挑战。

你自己测试一下，选一节你认为成功的课和一节你认为没有达到目标的课，在课程结束时，问你的学生这节课的目标是什么。学生讨论的是程序还是内容，是挑战还是已经完成了任务（不管标准如何）？他们会谈论他们所不知道的错误、误解吗？他们会谈论在不确定的情况下使用的策略，以及与他人进行比较吗？当然，我们不希望学生说"这很难，我不能或不愿意做"，而是希望他们说"这很难，我想试一试"。这是我们的挑战。这就是"我乐于迎接挑战，而不仅仅是'尽力而为'"这一心智框架的本质。

下面，我们会阐述关于构建具有适度挑战性的学习的三个主要影响因素："教师清晰度""目标"和"跳级（加速学习）"。

教师清晰度

"教师清晰度"这一因素几乎出现在所有教学质量标准的清单上，赫尔姆克（Andreas Helmke，2010）、迈尔（Hilbert Meyer，2013）、布罗菲（Jere Brophy，1999）和有效教学评估项目（Measures of Effective Teaching project, Bill & Melinda Gates Foundation，2010），所有这些研究都认为教师清晰度是成功教学的关键之一。因此，教师清晰度——与"我乐于迎接挑战，而不仅仅是'尽力而为'"这一心智框架相关——这一因素在"可见的学习"中的效应量达到 0.75（见图 5.1）就不足为奇了。教师清晰度包括什么？答案在于教师需要有能力说出他所计划的关于目标、内容、方法和媒介的所有步骤，并使用例子向学生解释。如果教师能够做到这一点，那么他最终也能够布置被学生视为朝向学习目标的挑战的任务。但最重要的是，使课堂目标对学生清晰可见，使目标具有适度的挑战性，并提供许多方法和机会去监测每个学生从其初始水平朝向课堂目标的进步。

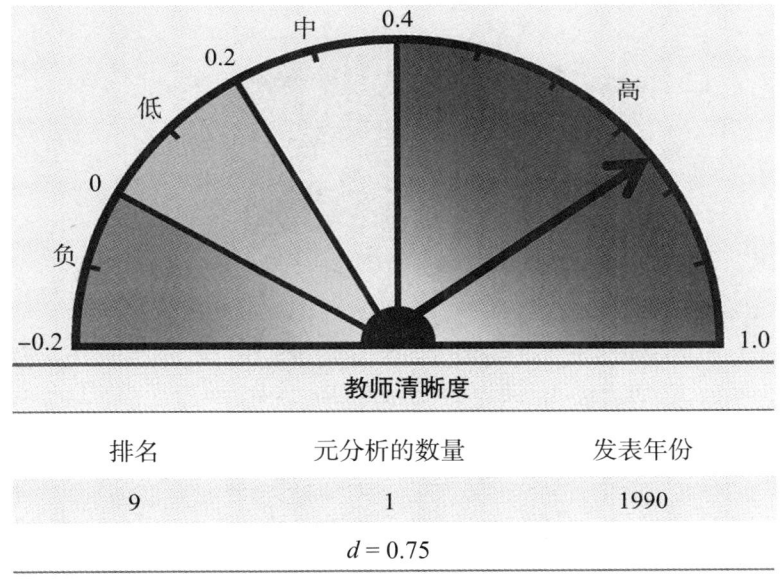

图 5.1　教师清晰度

数据来源：Hattie & Zierer（2017）。

目标

在"可见的学习"中，"目标"这个因素的效应量为 0.50（见图 5.2）。目标与本书已经提到的其他几个因素密切相关，特别是与"我关注学习如何发生，让学生也理解学习"这一心智框架一致。

在那段讨论中，我们注意到这样一个事实，即教师越是注重考虑学生的先前知识，学习过程就越容易成功。这包括了解学生在学习中处于什么位置，他们如何看待自己的学习和经历，以及他们从家庭和文化中带来了什么，然后将这种先前学习作为教学和指导的基础。这意味着可能有必要为不同的学生设定不同难度的目标，这是我们稍后将讨论的问题。在此背景下，还有一点很重要：我们所说的目标不是指通常可以在课程中找到的确切描述的目标。课程目标往往离学习者太远——离某节课或某一天的学习太远。我们需要更具体的教学目标来满足学生的具体要求，学生应该运用它们来使自己专注于明确的学习目标。

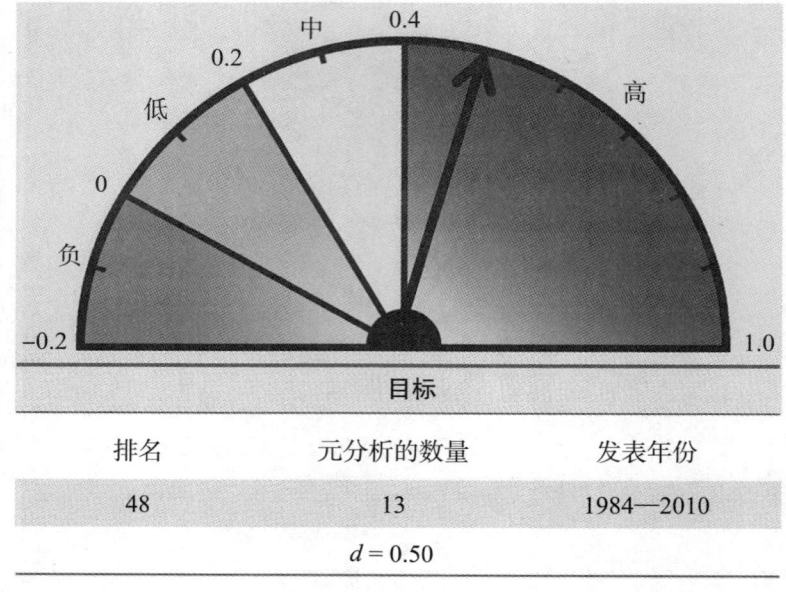

图 5.2 目标

排名	元分析的数量	发表年份
48	13	1984—2010

$$d = 0.50$$

数据来源：Hattie & Zierer（2017）。

关于目标最重要的方面是，它们应该明确地描述学习者在课堂中应该达到的挑战水平——包括想法、想法间的关系，以及把知识和理解迁移到新任务上三个方面。掌握的程度是师生需要交流的内容。马杰（Mager，1997）又进一步增加了三个有价值的标准（他的第三个标准接近我们所说的挑战性目标的关键属性）：

1. 教师需要描述学生在课结束后应表现出的可观察到的行为（例如，写作、计算、阅读）。

2. 教师需要设置条件来监督学生的行为（例如，规定在多少时间内完成作业，允许使用哪些辅助工具，是否可以与其他学生合作）。

3. 教师需要明确地描述决定学生是否以及在何种程度上达到了目标的评价标准（例如，需要正确地完成多少任务）。

这也说明了为什么在教育情境中经常听到的"尽力而为"这样的建议对学

习过程没有太大帮助。它过于模糊、过于笼统、过于武断，以至于无法做出详细而令人信服的分析。事实上，元分析中的大多数研究都对"尽力而为"与"适度挑战"的任务进行了对比，结果是这将导致学习质量上的重大差异。举例而言，如果一个跑步者杰西（Jesse）设定了在 10 千米赛程中尽力而为的目标，那么他应该如何评价他的跑步情况呢？杰西最好设定一个具体的时间作为目标，并努力实现它——比如在 60 分钟内跑完 10 千米。如果这个目标与杰西的个人最佳赛跑记录有关，它将会更加有力。就这样，我们看到目标变成了一个具有适度挑战性的任务。此外，它还暗示了成功目标的一个关键点：对教师来说，只知道教学目标是不够的。尽管这一步很重要，但也只是第一步。第二步是通过与学生就学习应该如何进行达成共识，并让成功学习的标准变得清晰可见，从而确保学习者也能理解这种清晰性。

　　与其说"尽力而为"，不如想想"个人最佳"的价值。至少"个人最佳"能够产生一种成就感，可供我们当前的学习参考。我们已经理解了什么？我们能学得更多或更好吗？安德鲁·马丁（Andrew Martin，2012）的研究表明，"个人最佳"能够正向预测学生的志向、课堂参与度、上学的乐趣、对学校任务的坚持和投入，以及考试成绩和努力程度。"个人最佳"的主要价值在于它使目标"归学生所有"，清楚地告知学生为了超越先前最佳表现，他们需要努力去做什么，并使他们将注意力和精力集中在与目标相关的任务上，创造一种采取行动的内在压力，同时激发学生的精力和努力，从而驱动学生坚持不懈地完成任务（尽管经常会遭遇失败），以达到"个人最佳"。"个人最佳"可以与马杰的每一个标准相联系：展示更多或更好的作品，检查并修改作品，尝试解决更多问题，与他人合作，更好地利用时间，寻求有关成功评价标准的建议，在任务中有更好的表现（Martin，2012）。

跳级（加速学习）

　　跳级或加速学习与留级或复读都基于同样的假设：通过对学习速度进行结构性调整来为学习者提供帮助。但是就它们的影响和频率而言，这些因素之间的差别却是极大的。学生经常被留级，但很少有学生被允许跳级；留级会产生负效应（−0.13），跳级却有正效应（0.68）（见图 5.3）。为什么跳级如此成功？这里发生的什么事情是留级时没有发生的？被纳入"可见的学习"中的一些元分析表明，差异不是源于留级作为一种结构性措施本身，而是主要源自在后续

65

66 互动中所发生的事情：被留级的学生往往在学习上停滞不前，因为他们通常把这一年时间用在同样的事情上，即坐在类似的教室里，做类似的作业，进行类似的互动。只有在极少数情况下，他们（或他们的老师）才能真正地解决导致他们留级的问题，将学习过程中的失败转化为学习契机。只有在极少数情况下，所有相关者才能够深入地讨论，并为补救性学习制订详尽且差异化的计划。这就导致了复读某一年级的学生通常不会学到任何新东西，只会感到无聊，而且会强烈地感受到他们不是学习的料，犯与上一年相同的错误。加速学习会带来完全不同的互动：跳级的学生接受的任务比以前的更具挑战性。此时教学内容得到调整，让学习者感觉到有挑战性。

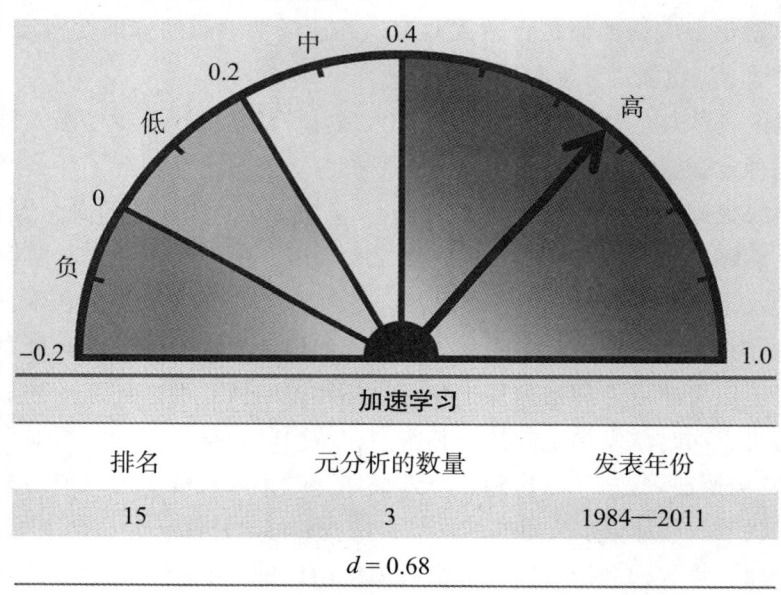

排名	元分析的数量	发表年份
15	3	1984—2011

$d = 0.68$

图 5.3　加速学习

数据来源：Hattie & Zierer（2017）。

除了跳级以外，还有其他方法能够实现加速学习的基本原则——富有挑战性的学习，比如掌握学习（在达到学习标准后更进一步），自定步调的教学，浓缩课程，精简课程的表层知识，套叠课程（更快速地完成基础课程，以转向更有挑战性的学习），使用在线课程来帮助加速学习，先修课程，或提前毕业。这些方法都用清晰透明而有挑战性的目标来推动学习。反之，无聊、琐碎的作业，让学生无法将学习看作一项有价值的任务。

因此，"教师清晰度""目标"和"加速学习"等因素表明，成功的教学总是会给学生带来挑战。对于学生来说，最重要的因素是他们期望达到的目标必须是清晰的且具有适度的挑战性，这将带来一种对学习路径的理解，以及使成功的学习可见的理念。使这一切成为可能的是那些设定挑战的方法。

心流及其对学习的意义

有很多关于挑战对学习的重要性的研究，其中最突出的是米哈里·契克森米哈赖（Mihály Csíkszentmihályi，2008）关于心流的研究。他成功地证明，当一个学习者深度地投入任务中时，在这种状态下，他就能体验到最深刻、最持久的快乐。当他进入这种状态时，他会对活动产生一种个人的掌控感，寻求并解读即时的反馈，感觉自己有取得成功的巨大潜能，尤其是通过投入努力和掌握技能。当学生知道目标及其朝向目标的进展情况时（这明确了任务的来源和方向），当有机会获取明确和即时的反馈时（这有助于满足不断变化的需求，使他们能够调整自己的表现），以及当学习者所感知到的任务挑战性与其感知到的自身能力之间保持平衡时，他们就更有可能进入心流状态。只有具备一定程度的信心，学生才能达到目标。感知到的能力和目标需求之间的平衡通常可以用图 5.4 来说明。

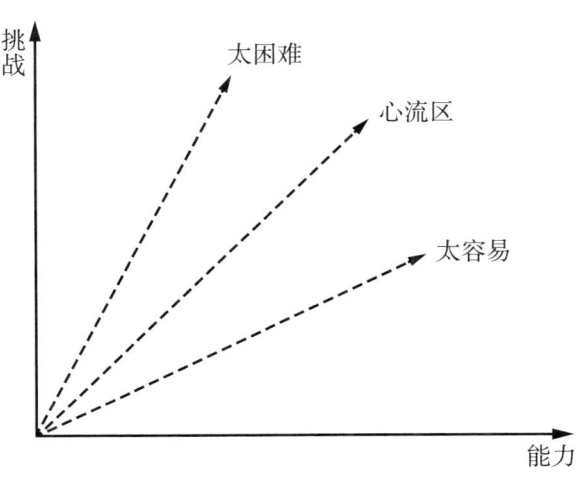

图 5.4　心流及其对学习的意义

来源：Hattie & Zierer（2017）。

挑战性目标的清晰度越高、实现目标的信心越大，学习者就越会沉浸于实现这些目标的学习心流中。然而，挑战水平不能过高或过低：如果太高，就会导致焦虑、不愿付出努力（如果成功的机会很小，那又为何要努力？）；如果太低，就会导致无聊。这一条原则也适用于教师，教师需要设定有适度挑战性的目标，以激活学习者的学习。很明显，"目标""个人最佳"和"动机"等因素对达到心流状态是很重要的，因为将它们考虑在内是实现能力与需求之间平衡的基本要求。

学习目标分类：迈向"可见的学习"和成功教学的重要一步

这似乎是一个显而易见的问题：拥有"我乐于迎接挑战，而不仅仅是'尽力而为'"这一心智框架的教师，他们的做法究竟有何不同？学习目标分类的相关研究表明，那些具有挑战性的教师与那些缺乏挑战性的教师在教师行为上有可观察到的差异。

这项研究的出发点是开发模型，比如约翰·比格斯和凯文·科里斯（John Biggs & Kevin Collis，1982）开发的 SOLO（Structure of Observed Learning Outcomes，"可观察的学习结果的结构"）分类法。这一分类法包括五个水平，从缺乏能力到具备专长。

- 前结构水平：缺乏知识。
- 单点结构水平：一个相关方面的知识。
- 多点结构水平：多个独立的相关方面的知识。
- 关联水平：多个互相联系的相关方面的知识。
- 抽象拓展水平：将知识引申到新的领域。

简单来说就是：没有想法、一个想法、很多想法、联系想法、拓展想法。第二和第三个水平涵盖的主要是表层理解，第四和第五个水平是指深层理解。这种分类法被用于课堂观察，用于分析经验丰富的教师与专家型教师在布置任务时有何不同——通过了美国国家专业教师标准委员会（US National Board for Professional Teaching Standards）评估的教师被定义为专家型教师，没有通过评估的教师被定义为经验型教师。结果如图 5.5 所示（参见 Hattie，2014，p.33）。

　　因此，经验型教师布置的大部分任务都处在表层理解的水平，但是专家型教师布置的作业主要是在深层理解的水平。注意，重要的是表层理解和深层理解的比例，而不是非此即彼。这里的关键问题是这种差异是如何产生的。人们可能会怀疑，专家型教师在不断地布置大量针对深层理解的任务，但事实并非如此。这对于任何一位教师来说都是过高的要求，并且忽略了表层理解是深层理解的基础这一事实。相反，差异来源于经验型教师在表层理解水平上停留了过长的时间，因此错过了时机，他们本应在这时候明智地接受深层理解的挑战，要求学生在不同想法之间建立联系，并（尤其是在新情境中）拓展这些想法。这种方法让学习者在学习过程中直面挑战，因此对学习者提出更高的要求。

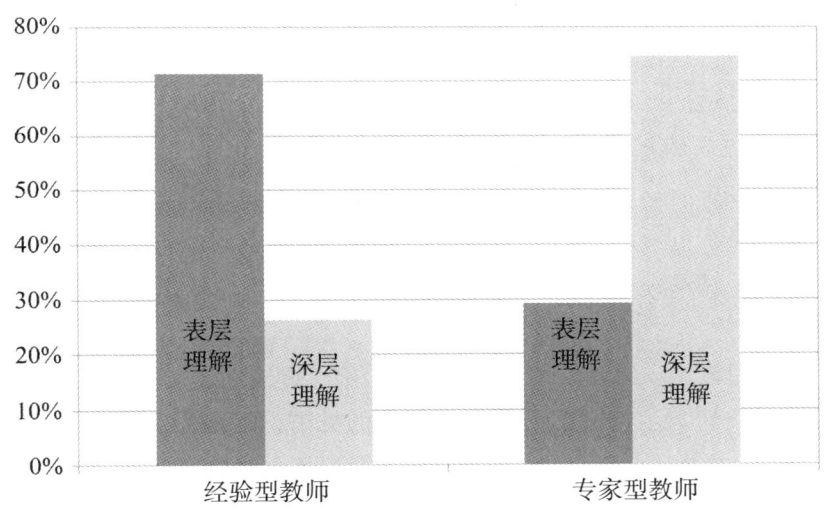

图 5.5　任务水平

　　没有对学生提出挑战的另一个例子是，本应在学校和教学中学习的内容，学生在课开始之前就知道了一半有余（Nuthall，2007）。导致这一情况的主要原因，是教师没有设定有适度挑战性的目标，而只是简单地执行既定的例程，说出一大堆独白，布置让人忙碌不已的作业，但学生没有受到挑战。

　　让我们反思一下第十章的短文：维多利亚（Victoria）在上小学 1 年级的第一周学会了数字 1，第二周学会了数字 2，第三周学会了数字 3，就这样继续下去。第一周快结束时，她问为什么要学在幼儿园学过的东西。更糟糕的是，当她学习数字时，必须给数字涂颜色——这是她在幼儿园时喜欢的活动，但如今已没有任何挑战性。多么糟糕的一种方式，让学生失去了学习的乐趣！

金发姑娘原则

本章到目前为止提出的观点可以用著名的"金发姑娘原则"来进一步阐明，这一概念来源于"金发姑娘和三只熊"这个很受欢迎的童话：有个女孩叫金发姑娘，她闯进了三只熊的房子里。这三只熊在吃、坐、睡方面都有自己的偏好。在依次尝试了三只熊的食物、椅子和床后，小女孩得出了这样的结论：第一只熊的食物太烫了，它的椅子太大了，它的床太硬了；第二只熊的食物太冷，它的椅子太小，它的床太软；但是第三只熊的食物、椅子和床正合适。

这个故事传递的主要信息是，在两个极端之间总有一个"刚刚好"，是特定条件下最合适的。这一效应已被应用于各个学科。例如，在医学领域，药物的剂量可能过高或过低；而传播学的研究表明，公司提供给员工讨论的机会可能过多或过少。在许多情况下，最终决定成败的是中庸之道或把握好正确的度——这一概念可以追溯到亚里士多德（道德行为介于两个极端之间——一端是过剩，另一端是不足。在这两个极端之间找到一个适中的立场，你就是在按道德行事）。

如果我们将这一原则应用到学校和教学中，我们将得出第十章"我关注学习如何发生，让学生也理解学习"中指出的见解，这对于"我乐于迎接挑战，而不仅仅是'尽力而为'"这一心智框架也是必不可少的。让处于单一想法或多个想法的 SOLO 水平的学习者去完成更加困难的迁移水平上的任务，不会有很大的帮助，就像让那些已经处在解决问题水平上的学习者去完成更简单的表层任务一样毫无意义。我们需要让挑战"恰到好处"。关键是我们需要让难度略微高于学习者现在的成就水平。如果教师成功地做到了这一点，学习者将面临一个挑战，并为理想的学习成功奠定基础。不用说，教师需要具备贯彻"金发姑娘原则"所需的能力和心智框架。这意味着教师归根结底需要努力公平地对待每一个学习者，有能力为他们设定差异化且有挑战性的目标，并将这些目标传达给他们。

最近的一项研究将"金发姑娘原则"从"不要太难，不要太容易"改为"不要太难，不要太无聊"。洛马斯等人（Lomas et al., 2017）让电子游戏玩家选择难度或随机分配难度。当难度是随机分配的时，较简单的游戏更能激发玩家的积极性；但是当难度是玩家选择的时，中等难度的游戏最能激励玩家。因此，这句格言现在改为"不要太难，不要太无聊"。如果任务被认为很有趣、有价值，并且肯定不无聊，那么学生就会参与有挑战性的任务，乃至挑战性极高的任务。因此，我们需要通过设计理想的课堂，提供适当的问题和任务，让目标清晰透明，使学生专注于有挑战性的过程并知道何时获得成功，从而让学生参与更有挑战性的任务。正如我们前面提到的，使用"个人最佳"的概念可以让学生参与更有挑战性的任务，并为实现这些"个人最佳"做出很高的承诺。

我从哪里开始？

要发展"我乐于迎接挑战，而不仅仅是'尽力而为'"这一心智框架，以下两点是很好的起点。首先，用批判的眼光审视你在课堂上布置的任务——如果可能的话，最好和同事一起这样做。重要的是考虑想要达到的 SOLO 成就水平。如果太多任务都是针对特定的水平，那么请用一些时间设计针对该分类中的更高水平的问题和任务。其次，批判地反思你设定目标的过程。先比较以下两个例子，并与同事讨论它们的用处。

示例 1
学习者应该能够写出商务信函中的称呼。
示例 2
学习者应该能够为提供给他们的 10 封商务信函中的至少 8 封写出适当的称呼。

为了进一步反思目标的制定过程，请考虑我们对马杰的主张的讨论，即有效的教学目标需要考虑学生的可观察的行为，监督他们行为的条件，以及他们（和你）的评价标准。你能从这些标准中得出什么结论？基于单点结构水平、多点结构水平、关联水平和抽象拓展水平，如何优化前面的示例？这两个因素构成了"可见的学习"中所谓"1+策略"的基础：通过每一个新任务逐步提升标准，从而不断地挑战学习者，使他们的表现超越当前的最佳能力水平。

像《愤怒的小鸟》（Angry Birds）这样的电脑游戏就是一个很好的例子，因为它正是根据这个原则进行设计的：游戏知道你的先前成就（你上一次达到的分数或关卡）。然后，它设定了一个更具挑战性的关卡，同时使挑战不会太困难，也不会太无聊。你有很多机会可以通过寻求帮助、再次尝试、询问朋友、寻找提示来进行刻意练习，并且无时无刻不在接收关于你距离新的个人最佳闯关记录有多近的反馈。当你进入下一关卡时，你就知道你已经成功了。与许多教师不同的是，它传达的信息不是"交完作业就结束了"，而是要继续挑战下一个关卡——因此，学习的心流和热爱仍在延续。这个类比看似有些简单，但它传达的信息对教师也很重要：如果我们想让学习者取得进步，我们就需要考虑他们最初的学习水平，调整布置给他们的任务，使其适度地更有挑战性——这样，学习者就能够完成它们，不会太难，也不太无聊。

教师常常会忘记《愤怒的小鸟》所传递的信息——他们给所有的学生分配相同的任务，而不管他们的先前成就如何。他们不会告诉学生成功是什么样子的（直到任务完成之后），而成功通常是完成任务、上交作业，实际上就是完成这一天的任务。对一些人来说，这可能会有挑战性，但它既不会激发学习动机，也没有吸引力，不太可能会使学生想要进一步地投入有挑战性的学习。

检查单

下次备课时反思以下几个问题：

- 向自己澄清目标，确保目标对学生而言是清晰的。
- 尝试与你的学生就目标达成一种共同的理解。
- 明确学习成功包括什么，以及如何让学习成功可见。
- 拿出你在阅读上一章时所做的对学生初始学习水平的分析，并将其作为针对不同成就水平制定目标的基础。
- 确保你在课堂上布置的任务代表不同的水平。
- 使用学习目标分类学。
- 设定差别化的目标，确保难度和成就水平之间的平衡。
- 在课程中加入一个阶段，让你能够比较你和学生对目标和任务所处的水平的看法。
- 在制定目标时，要确保目标描述了可观察的行为，为监督这种行为设定了条件，并且包含评价标准。
- 反复检查，确保你的目标是清晰的，并且根据学生的水平进行调整。

练习

- 回到本章开头，用不同颜色的笔填写自我反思问卷。你对那些陈述的看法发生了什么改变？而且最重要的是，为什么发生了改变？与同事讨论你的自我评估。

- 从再现、重组、迁移、单点结构水平、多点结构水平、关联水平和抽象拓展水平上，为你的下一节课设定目标。布置在课堂上完成的任务和作为家庭作业的任务。与同事讨论目标和任务。

- 执行你的课堂计划，与你的学生讨论不同水平的学习任务。以这种反馈作为一个契机，反思你的目标设定和学习任务，并与同事开展另一次讨论。

- 要求学生写下本课的目标，并将他们的回答与你的课堂计划进行比较。以这种反馈作为一个契机，让你的学生和同事参与到对话中。

第六章　我给予学生反馈并帮助他们理解，我解读学生的反馈并以此作为行动依据

自我反思问卷

通过对以下陈述的同意程度来进行自我评估：1= 非常不同意，5= 非常同意。

我很擅长……

从学生那里获得反馈。

利用学生的反馈来改进我的教学。

我非常清楚……

我需要根据学生的反馈采取行动。

如何给予学生反馈和帮助他们理解反馈。

我的目标总是……

从学生那里获得反馈。

对学生的反馈进行反思。

我完全相信……

需要将常规的反馈策略整合到我的课堂中。

我应该把学生给我的意见作为反馈。

短文

哪位老师不熟悉下面这样的时刻？你花了很多时间和精力备课，走进教室时，你踌躇满志、万事俱备，但事情却未能按照计划那么顺利地进行：课堂导入未能产生预期的反应，学生躁动不安，最后，你感觉没有教给他们任何东西。你沮丧地离开教室，不知道究竟发生了什么。虽然你更想重新计划明天的新课，但你还是决定问一下学生对这节课的看法。令你惊讶的是，你发现你错了：学生告诉你他们觉得这节课很有趣，他们必须付出很多努力来达到目标。一个随堂小测验也得到了令人信服的结果。你不仅对现状感到满意，还和同学们一起着手应对接下来的挑战。

这一章讲的是什么？

这则短文阐述了本章的主要信息：教师无法独自回答学习与教学是否成功这个问题。他们需要询问学生的想法，因为学生提供了至关重要的意见。最有效的反馈形式是学生向教师反映他们对学生的影响。学习和教学是对话的过程。因此，成功的教师不仅能够给予学生关于学习过程的反馈，而且能够从学生那里获取关于自己教学过程的反馈并做出解读。

当你读完这一章以后，你应该能够用这一信息解释：

- ■ "提问""元认知策略""学习技巧"等因素的重要性。
- ■ 什么是成功的反馈。
- ■ 提供全面的反馈意味着什么。
- ■ 从学生那里获得有意义的反馈意味着什么。
- ■ 反馈（表扬、同伴反馈等）可能会造成哪些误解。
- ■ 班级反馈的基本原则是什么。

"可见的学习"的哪些因素支持这一心智框架？

"可见的学习"的主要信息之一是反馈对学习过程很重要。学生需要教师的反馈，教师也需要学生的反馈。同样，关键问题如下：课堂是否达到了成功标准？学生是否理解了内容？学生是否将先前学习与内容联系了起来，以产生更深层的理解？教师使用的方法是否成功？学生们从学习中得到乐趣了吗？所有这些问题最终都只能由学生来回答。因此，教师的职责就是倾听，从学生那里寻求关于自身影响力的反馈。

要找到答案，并不一定要直接问学生他们怎么看待你的课堂，尽管这肯定是一种可行的做法。更准确地说，教师需要利用课堂上所有形式的反馈，甚至主动寻找关于学习成败的所有可能形式的信息，并联系你自己的教学去反思它们。思考图 6.1。

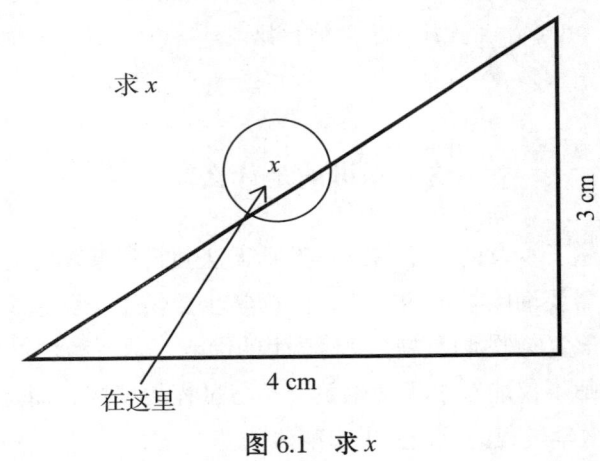

图 6.1　求 x

来源：Hattie & Zierer（2017）。

77　对任何一位数学老师来说，学生在这个任务上犯的错误都应该是显而易见的。"在这里"这个答案并不能解决问题。解决问题需要应用勾股定理：$x = 5\text{cm}$。然而，简单地指出这个答案在数学上是错误的，将错失一个很好的机会，因为这个错误传达的主要信息并不是这个，而更多地与教师而不是学生有关：教师未能传达问题的重点，使任务不够明确。换言之，教师未能使学习对学生可见。

这个例子强调了教师把自己视为评价者的重要性——既是学生学习过程的评价者，也是自己教学过程的评价者。这样做的关键是提供和寻求反馈。一般来说，教师会认同反馈在课堂上很重要，因此，他们在课堂上也会提供很多反馈。然而，给予和寻求成功的反馈并不是一件简单的事情。关注反馈是如何被接收的和如何被给予的同样重要，教师接收到的反馈往往比学生接收到的反馈更有力量，我们在下面将会说明。

　　检视"可见的学习"是一个很好的起点。它有几个因素十分强调"我给予学生反馈并帮助他们理解，我解读学生的反馈并以此作为行动依据"这一心智框架的重要性。这些因素包括"提问""元认知策略""学习技巧"。

提问

　　在"可见的学习"中，"提问"这个因素的效应量达到了 0.48（见图 6.2）。大多数关于提问的研究都与提出"高阶"或"深度"问题有关。这是因为 90%的问题都与事实、表层学习相关，而且教师会问很多问题（有些人认为教师一天要问 150 多个问题）。只有提出更高认知水平的问题，将想法联系起来，与先前知识建立联系，并且创造出讨论的空间，教师才能真正地"听见"教学的影响。组织一些课堂环节，促使、教导和倾听学生互相之间的提问，也是非常有效的。

　　教师可以充分利用问题的力量，使学生的学习水平更上一层。那就是，如果学生处于表层学习阶段，那么就提出表层问题，但也要提出较少比例的深度问题，以巩固他们目前的学习水平，同时让他们更进一步，迈入下一个阶段。如果他们处于深层学习阶段，那么就提出一些迁移性的问题，以帮助他们将知识应用在新任务上。

78

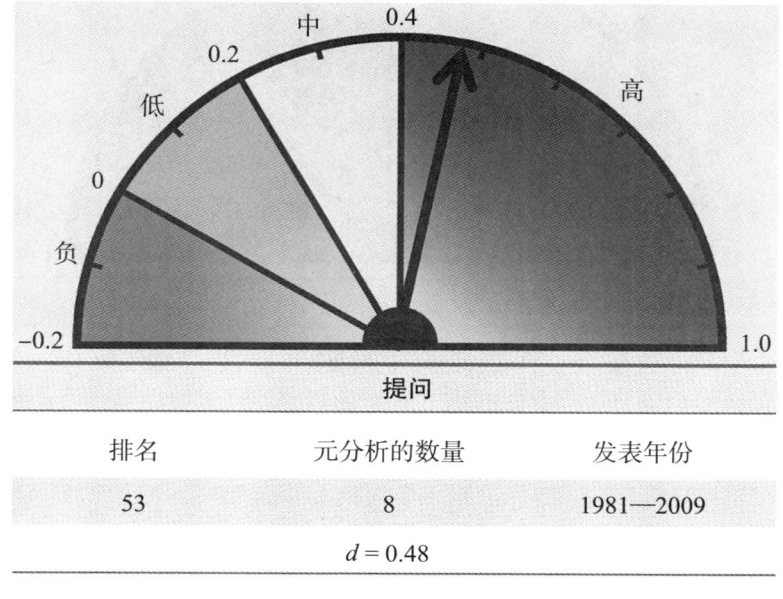

排名	元分析的数量	发表年份
53	8	1981—2009
	$d = 0.48$	

图 6.2　提问

数据来源：Hattie & Zierer（2017）。

学生提出的问题可以给予教师提示，比如学生在哪里需要支持，他们对哪些地方还不明白，对哪些地方感兴趣，以及下一个目标是什么。认真地审视这些问题，予以关注，并在课堂上进行讨论，这些都是成功教师的标志。

元认知策略

"元认知"这个术语是指对自己的思维过程进行思考。与它相关的因素"元认知策略"在"可见的学习"中的效应量为 0.69，接近前 10 名（见图 6.3）。然而，比排名更重要的是来自该研究领域的信息：对自己的学习提出疑问，尝试让学习对自己可见，利用错误来反思自身行为的结构和连贯性——所有这些都对学习有很大的影响，因为它会促进学生与教师之间的对话。对思维过程进行思考，可以让我们批判地审视学习与教学，让我们理解或尚未理解的东西显现，从而为如何规划下一课提供方向。如果学生善于以这样的方式自我调节，那么他们就能够很好地寻求和利用反馈。因此，一个主要目标是教给学生寻求和解读反馈的技能，这是他们学习的必要部分。

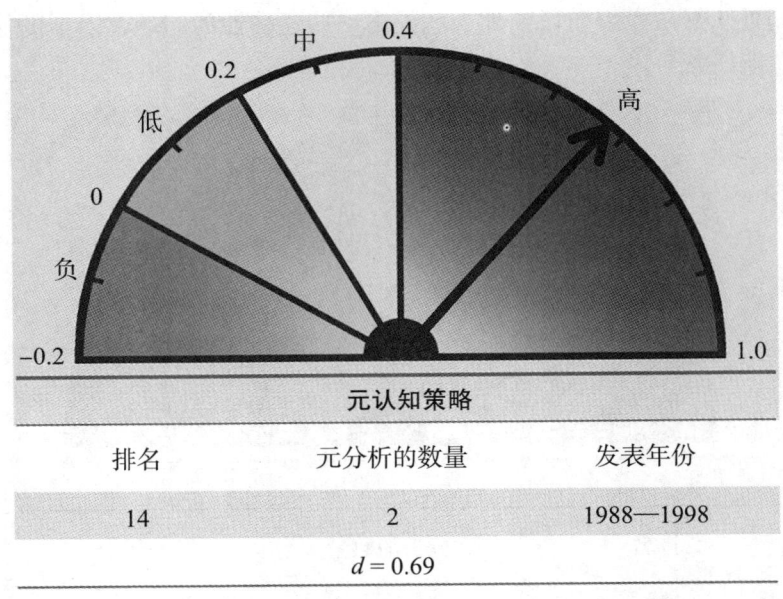

排名	元分析的数量	发表年份
14	2	1988—1998
	$d = 0.69$	

图 6.3　元认知策略

数据来源：Hattie & Zierer（2017）。

学习技巧

另一个对学习过程有类似影响的因素是"学习技巧"。它在"可见的学习"中效应量为 0.63（见图 6.4）。记笔记、以有意义的方式复习和消化学习材料、写作摘要、调节自己的动机、为自己设定目标、组织和控制学习过程，这些方面的技巧都有助于持续地提高表现，无论是在表层理解水平上还是在深层理解水平上。在我们最近有关"我们如何学习"的综合研究中，我们发现学习策略的使用具有更重要的战略意义。当任务涉及不同的学习阶段（表层学习、深层学习或迁移学习）时，同一策略可能会有不同的效果。同样，如果学生处于习得的初始阶段，相比于学生在巩固课堂知识时，同一策略的效果也会有所差异。因此，教师需要寻求反馈，了解学生处于学习周期中的哪个位置（表层学习、深层学习、迁移学习），以及是第一次接触新知识还是巩固学习（Hattie & Donoghue，2016）。

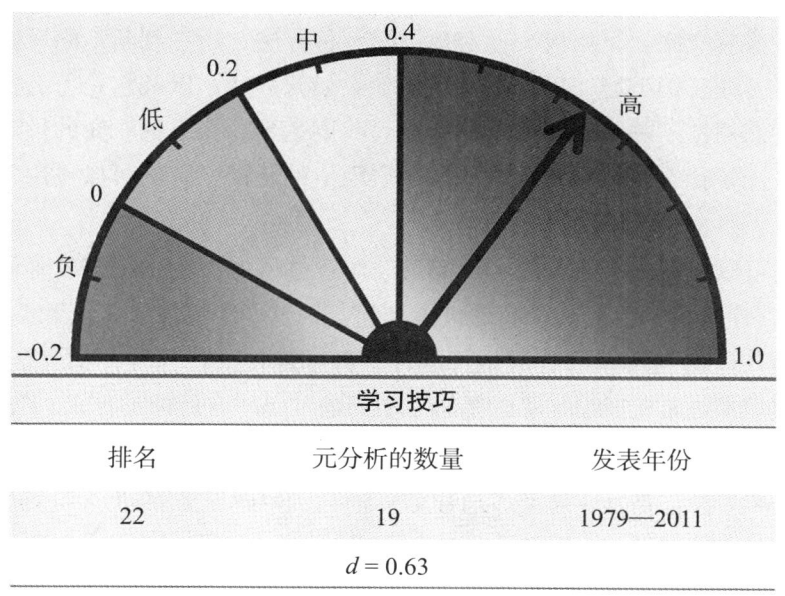

排名	元分析的数量	发表年份
22	19	1979—2011
	$d = 0.63$	

图 6.4　学习技巧

数据来源：Hattie & Zierer（2017）。

我们在这里可以很容易地说出能够证明本章主要信息的其他因素：比如"交互式教学"（0.74）、"教学策略"（0.62）或"出声思考和自我提问"（0.64）。

它们都与前面所述的因素直接相关。然而，有一个因素，我们到目前为止只间接地提及过，但它比所有其他因素都更为引人注意，因此值得我们在这里特别地提出：反馈。这是凸显"我给予学生反馈并帮助他们理解，我解读学生的反馈并以此作为行动依据"这一心智框架的重要性的关键因素，并且它表明了成功教学的结构在根本上是对话性的。

认识你的影响力：反馈是成功教学的关键

"反馈"是被研究得最透彻的方法之一，也是对学习表现影响最大的因素之一，光是"可见的学习"就引用了过去 30 年中的 25 项与反馈有关的元分析，平均效应量为 0.75。然而，主要问题是，同样的反馈可能是有益的，也可能是有害的，因为反馈所产生的影响是所有教育影响中最为多变的。

哈蒂和廷伯利（Hattie & Timperley，2007）在"可见的学习"这一背景之下所做的一些研究派上了用场。他们提供了一种方法，用于判断不同反馈问题的质量和不同的反馈类型，以理解反馈为什么如此多变，以及它是怎么样造成差异的。他们提出了三个主要的反馈问题：我要达到什么目标？我的进展如何？下一个目标是什么？他们还区分了四个层面上的反馈，它们可以被用于实现不同的效果，如表 6.1 所示。

我们可以在每一个层面上去回答这三个反馈问题。虽然很多教师倾向于用"我要达到什么目标？"和"我的进展如何？"这两个问题来定义和使用反馈，但学生更加坚信当反馈回答的是"下一个目标是什么？"时，反馈是有力的。绝大多数学生更希望反馈回答的是第三个问题"下一个目标是什么？"，然而几乎所有反馈都是关于前两个问题的。是的，"下一个目标是什么？"的反馈可以（而且可能应该）基于"我要达到什么目标？"以及"我的进展如何？"的反馈，但有一点很明确——应确保总是会有"下一个目标是什么？"的反馈。

表 6.1 四个层面上的反馈

自我层面	任务层面	过程层面	自我调节层面
对学习者的（积极的）个人评价	对任务的理解 / 执行情况如何	理解 / 执行任务的过程	对行为进行自我监控、导向和调节

基于个人的反馈：自我

　　第一个层面是自我。它包括所有针对反馈接收者的个人反馈，比如各种类型的表扬和批评："太棒了！""你很棒""你是个勤奋的学生"或"干得好！"。这种反馈对学习的影响很小，几乎为零。这是因为在自我层面上的反馈并不包括任何关于学习过程的信息，而几乎完全聚焦于人格特质。在某些情况下，它甚至会导致负面影响，因为学生会将这些形式的反馈看作对他们自己的真实反映：对他们个人的评估。过度的表扬会降低学生尝试的意愿，因为学生倾向于避免频繁地拿自己的积极形象冒险。同样，批评也可能会导致消极的自我概念，因为它不是针对学习材料，或者是学生会犯的任何错误，而是针对学生的人格。

　　表扬的最大问题是，它可能会干扰关于任务表现的信息。像我们大多数人一样，学生更容易回想起表扬，而减少或忽略有关任务的信息。尝试在有或没有表扬的情况下提供有关作业的反馈，然后（过一天以后，这样就不再纯粹是记忆力的作用了）请学生回忆你昨天给他们的反馈，往往他们回忆起的是表扬，而不是关于任务的信息。表扬会掩盖有用的反馈。

　　自我层面的反馈对于已经具有内部动机的学生来说尤其是一个问题，因为这种反馈以外部动机的形式起作用。这会导致一个最坏的状态，即内部动机的降低和外部动机相应的提升——教师最不想要的就是外部动机强的学生，因为这在心理上是不可取的。内部动机高且外部动机低的学生能够更有效地学习，更好地记住和运用所学知识。他们被对学习的热爱所驱动。

　　当然这并不是说你不应该表扬学生或者给予自我层面的反馈，而是说不要将表扬与关于任务的反馈混为一谈，因为表扬会稀释反馈的作用。

　　自我层面的反馈的一个用处是建立师生关系，这时候它实质上能够产生积极的影响。但是，有许多有效的方法可以在教师和学生之间营造一种安全、自信和信任的氛围，我们将在讨论"我建立关系和信任，使学习发生在允许犯错和相互学习的环境中"这一心智框架时详细地探讨这一点。总而言之，研究者普遍认同，针对自我层面的反馈必须经过深思熟虑后恰如其分地使用，并且不要与关于任务、过程或自我调节的反馈混杂在一起。对于自我层面的反馈，"少即是多"的原则是最好的指南。

基于表现的反馈：任务、过程和自我调节

我们将自我层面的反馈称为"基于个人的反馈"，与此不同的是，任务、过程和自我调节层面上的反馈都与学生的表现有关。仔细观察一下就会发现，这些层面的反馈总是更有效的，但程度有所不同。

任务层面的反馈涉及向学生提供有关其学习成果的信息。例如，教师可以给学生布置一些题目，学生必须解决问题以达成学习目标。教师进行批改，给答案判对错。这样，学生就能清楚地看到他们能够完成什么和未能做到什么。

过程层面的反馈涉及向学生提供关于他们完成学习任务的过程信息。举例而言，教师可以检查任务，以寻找学生如何完成任务的证据。比如，学生看似很快地完成了任务，或者有马虎了事的迹象，或者出现了很多粗心的错误。在这种情况下，学生会收到关于他们做得怎么样的信息。他们接收的反馈还可能是关于识别错误、解决错误的建议，用于处理任务的不同方法，以及在任务各部分之间建立不同的联系。

自我调节层面的反馈涉及向学习者提供他们以何种机制调节学习的信息。例如，教师可以对那些想在不同部分投入更多精力的学习者做出回应，让他们思考这一部分是否有效并进行温习，引导学生多思考某个环节的正确性和如何能够做得更好。总的来说，教师要鼓励学生自己做出判断、寻找方向和取得进步（并与老师核对）。学生则在更大程度上是思考教师的反馈并做出改进的主体。这种类型的反馈也使学生清楚地知道他们如何自我调节学习的过程和结果。

整合不同层面的反馈

想象有另一位教师听了你的课，然后你们坐下来一起讨论课上得如何。如果让你选择，你最希望得到哪种类型的反馈？你是会选择任务层面的反馈，从而知道自己在课堂上的哪些做法是对的、哪些是错的，还是会选择过程层面的反馈，聚焦于备课过程以及对课堂计划的实施？或者你会选择自我调节层面的反馈，与你的同事谈论一下你认为这节课对学生有何影响，以及你在下一节课上应该怎么做，以使其更有效？

让同事来听课并监督你给学生的各种形式的反馈，这也是很值得的。我们在班上给予言语反馈，同时给予关于任务的书面反馈。我们对数百名教师提供

的（书面和言语）反馈的性质进行了调查，结果总是一样的：大多数教师更喜欢给予和接受自我调节层面的反馈，而只有很少的教师会寻求或给予任务或过程层面的反馈。这表明，自我调节层面的反馈对学生而言有特殊的地位——毕竟，在这个虚构的例子中，你就是学生。记住这一点，如果我们再考虑一下每天课堂上的反馈，就会得到如下一幅图景，如表 6.2 所示。

表 6.2　课堂上不同层面反馈的比例

	哈蒂和马斯特斯的研究（HATTIE & MASTERS, 2011）	范登伯格、罗斯和贝加德的研究（VAN DEN BERGH, ROS, & BEIJAARD, 2010）	甘的研究（GAN, 2011）
研究对象	18 个高中班级	32 名中学教师	235 个同行
任务	59%	51%	70%
过程	25%	42%	25%
自我调节	2%	2%	1%
自我	14%	5%	4%

因此，学生最想要和最需要的反馈恰好是他们最少接收到的反馈类型，而他们认为最不重要的反馈是他们最常接收到的反馈。虽然提供任务层面的反馈没有错，但很难想象这种类型的反馈主导了这么多的课堂。如果教师们在给予学生何种类型的反馈上多花点心思，他们能多收获多少呢？

最后，在这种关联中变得清晰的是，成功的反馈不是数量的问题，而是质量的问题：如果一个学生一而再地听到自己犯了同样的错误，却没有得到为什么自己一直犯错的具体信息，这有什么用呢？学生又如何在未来避免犯同样的错误呢？换言之，提供更多任务层面的反馈并不会产生任何深远的影响。只有与过程层面和自我调节层面的反馈结合起来，它才能产生实质性影响：我们需要思考"+1"这个概念，那就是针对学生当前水平提供反馈的同时，也要提供一些针对下一个水平的反馈作为点缀，以引导他们在学习中砥砺奋进（见图6.5）。

往更高水平砥砺奋进的行为不会自动发生。听到十次而不是五次关于他犯错的信息，这对学生而言会有什么益处吗？这不会带来更好的学习。他们想要在学习中取得进步，然后理解学习的过程和策略，并最终能够调节自己的学习。

我们不希望造成某个层面的反馈比其他层面更好的印象。我们在这里试图传达的信息是，不同层面的反馈是相互联系和相互影响的。因此，关键不是在正确的层面上给予反馈，而是在适当的层面上给予反馈，并且以不断推动学生的学习水平向上发展为重点。

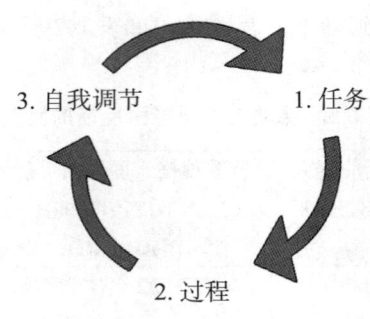

图 6.5　不同层面的反馈

来源：Hattie & Zierer（2017）。

86

　　这些思考揭示了关于成功反馈的三个关键见解：首先，当提供的反馈等于或高于学生当前的水平（任务、过程、自我调节）时，反馈是最有力的。其次，如果单独使用某一层面的反馈，其效果会大打折扣，因为这会导致信息量不足和千篇一律，而且我们不希望学生停滞不前。最后，教师可以通过提供"下一个目标是什么？"的反馈，提高所有层面的反馈的有效性。

新手—高级学习者—专家：成就水平的角色

　　我们对反馈层面的讨论带来了一个问题，即不同层面的反馈之间的平衡是否取决于学习者的成就水平。思考以下这个例子。

　　想象一个学习者，他是某个领域的新手。这个学习者不了解该领域的任何主题，未能建立任何情境性的关联，也不理解这个领域的基本要素。例如，一个 1 年级学生正在学习从 1 数到 20：他需要哪个层面的反馈？现在，比较一下你给这个学生的反馈与你会给那些某领域专家的反馈。专家熟悉自己的专业领域，知道哪些地方容易犯错，并对其领域有深刻的见解。以泰格·伍兹（Tiger Woods）、罗杰·费德勒（Roger Federer）或女神卡卡（Lady Gaga）为例：他们在高尔夫、网球或音乐方面需要哪个层面的反馈？很明显，新手需要的反馈与专家不同。新手首先需要知道自己做错了什么，因此需要任务层面的反馈，而专家将从自我调节层面的反馈中获益更多。前一个例子中的学生可能不知道3+6=8是错误的——谁能责怪她呢？相反，专家通常都很清楚自己做错了什么——泰格·伍兹知道他的球落在了障碍区上，罗杰·费德勒知道他发球出界了，女神卡卡知道音乐跑调了。但我们所有人都需要专家的帮助来理解这些错误，从而更好地调节我们的学习过程。

　　这并不意味着我们应该总是向那些聪明的学生提供自我调节层面的反馈，向那些不太聪明的学生提供任务层面的反馈。每个学生都是以新手的身份进入课堂的，因此反馈可以从任务层面开始，所有学生都可以从任务—过程—自我调节反馈的过程中受益。因此，根据学生在学习周期中所处的位置，反馈的最佳形式有所不同，这有助于解释为什么反馈的力量如此多变。同样的反馈可能有用，也可能没用，这取决于学生在学习中处于什么位置；然而，可以确定的是，几乎在所有的情况下，确保至少有一些关于"下一个目标是什么？"的反馈有助于提高反馈的效果。

过去—现在—未来：反馈的三个视角

　　除了区分四个层面的反馈外，"可见的学习"（另见 Hattie & Timperley，2007）还认为，可以从三个不同的视角来看待每一个层面："正馈"（feed up）、"后馈"（feed back）和"前馈"（feed forward）。这展示了一个看似简单的因素的复杂性，让我们可以探讨反馈的更深刻的维度。这三个视角具体涉及什么？

　　"正馈"是将学习者当前状态与期望的目标状态进行比较的反馈。因此，它着眼于当下，可以定义为关于现在的反馈。"后馈"是将学习者当前状态与先前状态进行比较的反馈。因此，它关注过去，可以定义为关于过去的反馈。最后，"前馈"是基于学习者当前状态来阐明期望的目标状态的反馈（它更多是指学生喜欢的关于"下一个目标是什么？"的反馈）。

　　例如，在对成就水平测试的结果进行反馈时，教师可以给予学生三种类型的任务层面反馈：就他们正确和错误地解决的问题进行反馈，从而将他们的当前状态与期望的目标状态进行比较（"正馈"）；就他们当前的成就水平与上一次测试的结果相比有何变化进行反馈，从而将他们的当前状态与先前状态进行比较（"后馈"）；就他们未来要达成的任务和目标状态进行反馈（"前馈"）。

因此，成功的反馈可能聚焦于过去、现在或未来的视角。这三者相互联系，共同构成了一个整体：关于现在的反馈以关于过去的反馈为基础，而它本身又是关于未来的反馈的先行者（见图6.6）。

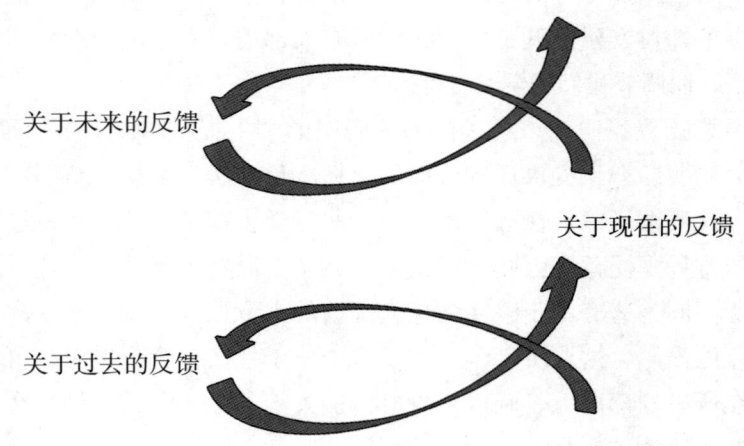

关于未来的反馈

关于现在的反馈

关于过去的反馈

图 6.6 三种类型的任务层面反馈

来源：Hattie & Zierer（2017）。

正如我们前面所提到的，大多数学生更希望反馈回答的是"下一个目标是什么？"的问题，而当这样一种反馈基于"我要达到什么目标？"和"我的进展如何？"时，它会更加有力。正如许多研究者所指出的，这表明了反馈的一个主要作用——缩小学生的起点与其在课堂结束时的理想终点之间的差距。

呼吁全面的反馈：反馈矩阵

"可见的学习"一再强调成功的反馈应该尽可能全面，但是全面的反馈包括什么呢？教师需要专注于哪些方面？教师如何将反馈的层面与反馈的视角结合起来？"可见的学习"项目的最大成就之一就是引起了对反馈的关注，但在实践中仍有一些事情不清楚。因此，我们尝试将反馈的层面和视角整合到一个反馈矩阵中，并加入了示例问题（见表6.3）。

表 6.3　反馈矩阵

		反馈的层面		
		任务	**过程**	**自我调节**
反馈的视角	过去（后馈）	学习者在目标和内容上取得了哪些进步？	学习者在完成任务上取得了哪些进步？有进步的证据吗？	学习者在自我调节策略上取得了哪些进步？
	现在（正馈）	学习者达到了什么目标？学习者理解了什么内容？	学习者是如何完成任务的？有证据表明学习者以这样的方式完成任务吗？	学习者成功使用了哪些自我调节策略？
	未来（前馈）	接下来应该设定什么目标？接下来应该学习什么内容？	接下来应该给学习者什么提示以帮助他们完成任务？	接下来，学习者应采用哪些自我调节策略？

给予与接收：反馈的对话结构

关于反馈的讨论通常被这样一种观点所主导，即反馈应该由教师传递给学生。教师被认为应该负责尽可能频繁地向学生提供详细而全面的学习反馈。尽管这一点很重要，但它只是众多反馈形式中的一种，而且如果反馈过多，就会让学生不堪重负，沦为毫无意义的练习。诚然，如果说只有教师和行政人员会对学生学习进展中无休止的评论感兴趣，未免过于夸张，但这也说明了过分强调教师对学生的反馈可能会导致什么结果。

正是这种见解将我们对反馈如何影响学习的持久讨论引向了一个新的方向：教师对学生的反馈固然重要，但学生对教师的反馈同样重要，甚至更重要。毕竟，教师无法回答学生是否达到了目标，是否理解了内容，方法是否奏效，或者媒介是否有帮助。这些问题只有学生才能回答。教师的角色是引导、倾听，然后做出反应。有多少次，教师心满意足地离开教室，因为一切似乎都按计划进行，后来才意识到学生们按照教师要求扮演了角色，只是为了避免受到惩罚，而不是为了学习，并且在实质上对这节课感到无聊和厌倦？系统理论为这种策略起了一个名字：钻空子（gaming the system）①。克服自我评估和外部评估之间差异的唯一方法是展开对话。想一下这个事实，课堂上发生的事情只有 20% 是可以观察到的。另外的 80% 不会立即显现出来，因此需要让它们可见。教师需

---

① 指的是利用某个系统、体制的规则，为自己牟取不公平但合法的利益。

要知道学习者如何看待与目标、内容、方法和媒介有关的教学问题，以便能够计划下一节课。仅凭自己的印象去教学的教师处于脱离学生的风险中。

因此，成功的反馈是一个循环的过程，包括两种形式的反馈：教师对学生的反馈和学生对教师的反馈（见图 6.7）。由于这两种形式的反馈在结构上也是相互关联和相互依赖的，因此可以说，这是一个从正确理解反馈开始的永无止境的对话过程。

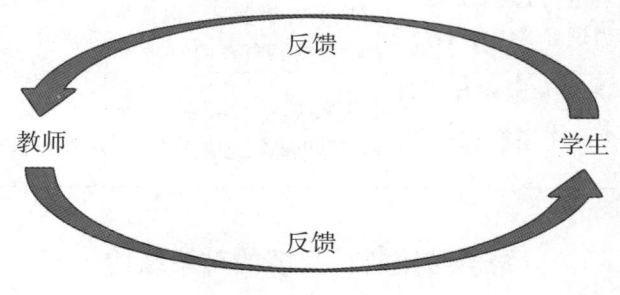

图 6.7　反馈的对话结构

来源：Hattie & Zierer（2017）。

同伴呢？学生相互之间的反馈

根据纳托尔（Nuthall，2007）的研究，学习者给出的大部分反馈都是不正确的——这无疑是反馈研究中最令人惊讶的发现之一，"可见的学习"也引用了这一发现。一种肤浅的诠释是，这一发现可能会让人质疑学生互相之间的反馈的价值，更进一步，也会让人质疑学生对教师的反馈的价值：如果学生甚至都没有能力向他们的同学提供像样的反馈，那还怎么能够向教师提供像样的反馈呢？但是不关注同伴提供的反馈是危险的，也可能是破坏性的。

这种论证没有看到研究所要传达的真正信息：提供反馈是需要学习的。考虑到反馈的复杂性，很明显它涉及某些技能。例如，教师需要教导学生区分任务、过程和自我调节层面的反馈，培养他们相应的听说技能。如果有一个量规告诉学生课程的各个部分的学习目标是什么，以使他们接下来能够提供最佳的反馈，这会很有帮助——但这对教师来说是一个很高的要求。因为我们人类很擅长从榜样身上学习，所以教师应该在这方面同样发挥核心作用。

　　还有一个重要的问题是，提供反馈的人是否有正确的心智框架，因为缺少正确的心智框架往往是导致错误反馈的原因：考虑到我朋友的感受，我不敢指出他哪里错了；由于同辈压力，我不敢指出问题出在哪里。要改善这一点是一个巨大的挑战。因此，能力和心智框架对于成功的反馈尤为重要。一旦学生获得了必要的能力和心智框架，教师就可以成功地将学生互相之间的反馈整合到他们的课程中，这是一所民主的学校所必需的，无论它的效果如何。

　　顺便说一句，所有这些也适用于教师：我们常常认为训练有素的教师可以做任何事情，但事实并非如此。他们自己仍然在专业化的道路上，仍在提供和寻求反馈的能力和心智框架的发展道路上。尤其对于"学生是否一开始就有能力向教师提供关于教学的反馈"这一问题，后者是一个重要的论点。显然，这并不是谁能够做到的事情，但当一位教师能够使用任务层面的反馈，对教学过程和自我调节层面做出总结时，这也是他拥有教育专长的标志。

成功反馈的必要条件：包容错误的文化

　　到目前为止的论证应该清楚地表明，包容错误的文化是成功反馈的必要条件：我应该将错误视为应该避免的事情，还是应该将其视为在学习过程中很重要的事情呢？学习意味着犯错，教学也是如此。

　　如果教师认为关注缺点是不好的，那么他们可以很容易地做出选择：不在课堂上谈论错误，事实上，大多数教师更喜欢迅速纠正错误，然后继续前进。然而，这也意味着放弃各种各样的学习机会。错误本身绝不是问题，更有可能出现问题的是关于错误的沟通：把自己局限于指出问题在哪里——只在任务层面上提出意见——这与完全不指出问题同样是可质疑的。学生往往已经知道他们在哪里犯了错误，但害怕谈论它们。如果教师也不允许错误成为讨论的主题，结果将会导致形成一种错误不被谈论甚至被掩盖的文化。这传达了一个错误的信息，因为对于所学的大部分东西，我们知道的都是有限的，甚至可能会有错误概念或误解。犯错误是学习的机会。因此，教师的职责在于寻找一种对错误进行沟通的方式——既要尊重学生，又要有益于他们的学习。

　　错误概念和误解也为高质量反馈提供了养料。在其中使用不同层面的反馈同样是一个很好的起点：在回应事实性错误时，提供自我层面的反馈不是很适宜。对于年纪小的学生来说尤其如此，因为这会给他们留下自己是失败者、没有能力学习的印象。当学生不再收到之前曾反复收到的反馈时，我们可以在他们身上观察到这种效应。例如，如果学生习惯听到诸如"做得好"和"太棒了"之类的评论——他们会将这种评论理解为一种对自我的表扬——当他们不再收到这样的反馈时，这会对他们的自我概念产生负面影响。在极端情况下，这甚至会导致焦虑。因此，重要的是要让学习者清楚地知道你的反馈指向的是哪个层面，并且将针对个人的反馈与针对任务的反馈区分开来。

93

我从哪里开始？

培养"我给予学生反馈并帮助他们理解，我解读学生的反馈并以此作为行动依据"这一心智框架的最重要步骤之一，就是批判地审视自己的反馈行为：我是一位喜欢给予反馈的老师，还是一位喜欢寻求反馈的老师？我有没有向学生表明，我也会接收和理解学生给我的反馈，并根据这些反馈采取行动？让其他人听一下你提供的不同层面的反馈，你的课堂上是否有"下一个目标是什么？"的反馈？然后，反思一下你在给予和寻求反馈时更喜欢哪个层面和视角。这是一种很好的做法。

使用如表 6.4 所示的反馈矩阵进行反思，并使用不同颜色的笔填写空格——例如，红色表示你给予反馈的行为，蓝色表示你寻求反馈的行为。尝试对反馈的明显程度进行评分，例如：1 = 非常明显，2 = 中等明显，3 = 不明显。

表 6.4　反馈矩阵（空白）

反馈的层面				
		任务	过程	自我调节
反馈的视角	过去（"后馈"）			
	现在（"正馈"）			
	未来（"前馈"）			

你还可以使用这个反馈矩阵来协助规划和分析课堂。例如，将有意的反馈循环整合到课堂中，并尝试填满反馈矩阵上的所有空白。当学生互相给予反馈时，你也可以和他们一起使用这个反馈矩阵。前面列出的问题可以作为你填写的初始方向。然后，目标是根据学生在学习周期中所处的位置提供最佳反馈。

所以，尝试就一个具体方案填写反馈矩阵，与同事（或学生）讨论它们，并在课堂上实施，然后再次与同事见面讨论结果。同样，这个方法也可以用来反思和评价你在整个课堂上给予和接收的反馈。

如果你觉得反馈矩阵太复杂，那么就从关注三件事情开始——最好是我们在前面的例子中提到的那些事情——学生在测试中做对了什么，做错了什么（关于现在的任务层面的反馈）？学生完成任务的学习过程是怎样的？学生认为他们使用正确的策略来完成任务的概率是多少？学生认为他们需要做什么才能在下一个任务中获得更好的分数？他们应该用什么方法来调节自己的学习过程（关于未来的自我调节层面的反馈）？这些问题降低了上述反馈矩阵的复杂性。

你也可以利用下列问题来帮助反思。

任务
- 学生的答案是否符合成功标准？
- 这个答案是对是错？
- 如何更详细地表述答案？
- 这个答案对在哪里，错在哪里？
- 答案还缺少什么？

过程
- 学生在学习过程中采用了什么策略？
- 学习过程中，哪里是好的，哪里可以改进？
- 学生在学习过程中的优点和缺点是什么？
- 学生完成任务的方式进一步揭示了学习过程的哪些信息？
- 学生能察觉自己在作业中犯的错误吗？

自我调节
- 学生认为自己能够达到什么目标？
- 学生如何解释他正确或错误地完成任务的原因？
- 学生如何解释自己的成功？
- 学生认为下一个目标和任务是什么？
- 学生如何自我调节和监控学习过程？
- 他们能察觉错误并独立地改正错误吗？

　　如果你在反思自己的反馈实践时发现，你给予的反馈往往比你接收的多，那么是时候开始关注另一面了：尝试用不同的方法让学习者有更多机会提供反馈。如果你写的反馈比学生写的还多，是时候重新考虑一下了。毕竟，接收反馈比给予反馈更重要。

　　学生给予教师反馈，一个简单示例是使用反馈坐标系。它反映了教学的两个重要方面，可以由学生填写（见图6.8）。

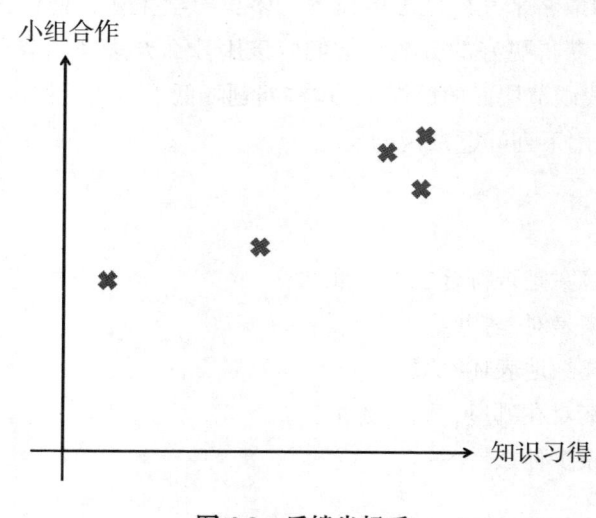

图 6.8　反馈坐标系

来源：Hattie & Zierer（2017）。

　　有很多方法可以听到学生的反馈。例如，如果学生认为小组合作富有成效，并且学到了很多知识，那么就在象限的右上方标记一个点；如果学生认为小组合作没有成效，并且学到的知识比较少，那么就在象限的左下方标记一个点。这样的反馈很容易收集：你要做的就是把坐标系挂在教室门旁边，然后让学生在离开时做标记。这只需要几分钟时间，但它可以为你的课堂提供很有价值的信息。

　　我们可以对这种方法进行调整，使其适用于那些已经能够提供更多细致反馈的学习者，除此之外，文献中还有大量有待发现的其他想法（见 Brookhart，2017；Wiliam & Leahy，2015）。一个例子是"反馈靶"（参见图6.9中的模板）（参见 Zierer，2016b）。

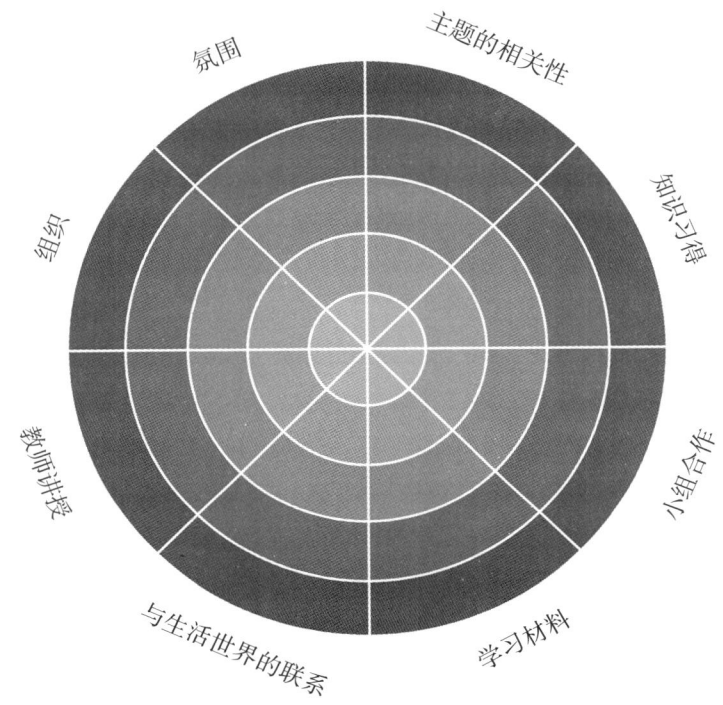

图 6.9 反馈靶

来源：Hattie & Zierer（2017）。

乍一看，"反馈靶"似乎可以用来描绘一幅完整的反馈图，但遗憾的是，情况并非如此。一方面，它只涵盖了特定几个方面的反馈，这意味着它在某种程度上是不完整的。同样，各个方面都以扇形来显示，这不可避免地会导致曲解：这些标记越靠近圆心，空间越小，彼此之间的距离就越近；标记离圆心越远，空间越大，彼此之间的距离也就越远。因此，在使用"反馈靶"时，有必要和学习者讨论这些问题，并在解释结果时将它们考虑在内。

一种没有那么复杂的方法是使用条形图，它可以用于展现同样的反馈（有关示例参见图 6.10）。

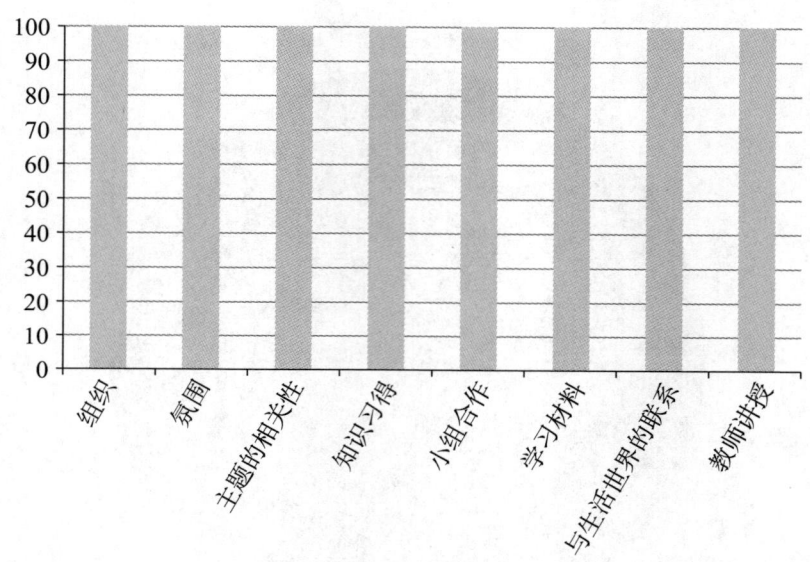

图 6.10　用条形图展示反馈

来源：Hattie & Zierer（2017）。

同样值得一提的还有涉及计算机和平板电脑等新媒介的方法。如果运用得当，它们可以揭示教学中原本很难或不可能被看到的信息——这再次证明新媒介本身并不能有效发挥作用，而是需要人们来实现理想的效果。我们在利用社交媒体来促使学生提问和给予反馈，以及协助产生同伴反馈这些方面取得了很大的成功。在这种情况下，新媒介的主要优势是，它们是快速而简单的获取反馈的方式——只需付出很少的努力就可以获得复杂的反馈。例如，有一些应用程序（如 versoapp.com、feedbackschule.de）使得教师可以向学生提供详细的问卷调查，教师只需点击一个按钮就可以分析结果；学生可以互相提问，也可以向老师提问。这些新媒介带来的可能性是无穷无尽的。然而，问题的质量是至关重要的。要选择任务、过程或自我调节层面的问题，以获得关于目标、内容、方法、媒介、空间和时间等关键教学因素的最佳反馈。

　　在这一背景下，在课程结束时测量成就水平至关重要：这是检查学生是否达到了最重要的目标、他们是否理解主要内容、方法是否可行、媒介是否有用的快速方法。测试可能是一个简单的填字游戏，但也可能是在学习日记中添加条目，或者是为下一次主题班会做准备的家庭作业，还可能是"结课便签"（exit tickets）——它可以提供强有力的形成性信息，让你知道你影响了谁，在哪些方面和在何种程度上带来了影响。第二章"我运用评估结果指导下一步行动"提供了关于这一方面的更多信息。

检查单

下次备课时反思以下几个问题：

- 根据学生在学习周期中所处的位置，有意识地提供任务、过程和自我调节等不同层面上的反馈。
- 不要吝啬于给予自我调节层面的反馈。
- 避免在反馈中加入空话、客套话。
- 不要把自我层面的反馈与其他形式的反馈混为一谈。
- 提供经过深思熟虑、目的明确的反馈。像糖果这样的物质奖励不应出现在学校。
- 从不同视角给予反馈，并尝试将反馈与过去、现在和未来联系起来。
- 利用同伴的力量：在课程中加入学生互相之间的反馈。
- 从学生那里寻求反馈，以审视你的课程。
- 在你的课堂中融入一些环节，与学生讨论目标是否明确，成功标准是否被理解，内容是否可理解，方法是否恰当，媒介是否有用。
- 在课程结束时确定学生的学习水平，例如给他们布置任务或测试。这是你下节课的起点。
- 让学习可见。

99

练习

- 回到本章开头，用不同颜色的笔填写自我反思问卷。你对那些陈述的看法发生了什么改变？而且最重要的是，为什么发生了改变？与同事讨论你的自我评估。
- 规划你的下一节课，对于教师对学生的反馈、学生之间的反馈以及学生对教师的反馈，都至少加入一个相应的讨论阶段。在规划这些阶段时，请参考检查单。与同事讨论你的计划和课堂。
- 在规划下一次课时，使用反馈矩阵或其中一些部分，以确保你提供的反馈尽可能全面。与同事讨论你的计划和课程。

第七章　我同样多地运用对话与独白

自我反思问卷

通过对以下陈述的同意程度来进行自我评估：1= 非常不同意，5= 非常同意。

我很擅长……

鼓励学生谈论内容知识。

引导学生通过与他人合作走向成功学习。

我非常清楚……

教学要清晰。

合作学习方法（例如"思考－配对－分享"）带来的好处。

我的目标总是……

鼓励学生更多地互相交流。

鼓励学生更频繁地展示他们的思维和问题解决过程。

我完全相信……

学生应该互相交流。

让学生更多地参与是很重要的。

短文

教学中最重要的时刻之一是观察学习者参与关于学习材料的讨论，看他们如何使用有意义的论证，并互相给予建设性的批评。在这些时刻，即当学习者成为自己的教师时，对于教师而言，没有什么比靠在椅背上倾听更好的了。同伴的力量开始发挥作用，个体从对话中受益。

这一章讲的是什么？

这则短文阐述了本章的主要信息：我参与的对话和我的独白一样多。这一心智框架建立在与他人的沟通之上——不管对方是其他学习者、教师还是父母。

当你读完这一章以后，你应该能够用这一信息解释：

- ■ "课堂讨论""同伴辅导""小组学习"等因素的重要性。
- ■ 合作学习的作用。
- ■ 为什么直接教学很重要，以及为什么直接教学不同于说教。
- ■ 在"我同样多地运用对话与独白"这一心智框架之下，为什么"班级规模"这个因素是一种迷思？

"可见的学习"的哪些因素支持这一心智框架？

《可见的学习》和《可见的学习（教师版）》都不止一次强调，尽管教师很重要，但更重要的是他们如何思考，如何培养学生成为他们自己的老师，如何透过学生的眼睛看到自己努力所产生的影响。本章的心智框架需要教师在讲授、解释、倾听、开放学生讨论之间取得平衡。重点是教师要倾听他们对学生课堂学习的影响。为了倾听，他们需要少讲一些。

教师在一堂典型的课上讲话的时间占比是多少？内德·弗兰德斯（Ned Flanders，1970）花了很多年研究课堂互动，并提出了"三分之二"法则。三分之二的课堂时间里，有人在说话；在这段时间里，有三分之二是教师在讲话；而教师在讲话时，有三分之二的时间在表达自己的观点、讲课、发指示和批评学生。教师的讲授仍然主导着课堂，卡伦·利特尔顿等人（Karen Littleton et al.，2005）声称教师将 70%—90% 的教学时间用在"讲话"上，而没有让学生参与任何讨论。珍妮特·克林顿等人（Janet Clinton et al.，2014）使用专业字幕制作工具记录了英格兰 100 个班级的 1500 多个小时的课堂讨论，其中教师讲话时间占比的中位数是 89%。

尼斯特兰德（Nystrand，1997）调查了美国 25 所高中 400 节英语课的课堂话语。研究发现，背诵式的讲话非常普遍，大约 85% 的被观察到的教学由讲课、背诵和课堂作业组成。这种独白式教学法对学习有负面影响。相反，对话式教学在促进学生学习方面优于独白式教学。这种对话式教学涉及教师对真实问题的使用（未预先确定什么是可接受的答案）、滚雪球式对话（教师将学生的回答纳入后续问题中），以及教师在多大程度上允许学生的回答改变话语的主题。这三种策略构成了对话式教学的基础。

对话式教学旨在激发和拓展学生的思维，使学生和教师能够更准确地诊断他们所知道和误解的内容，从而最恰当地设定下一个学习任务。它将学生出声思考放在优先位置。它不是问与答、讲与练或者听与说的教学常规。它强调的不是讲话的数量，而是对话的性质。这不仅包括倾听他们说了什么，还包括你表现出听到并理解了他们所说的话。这是一种关于如何教学的思维方式——通过倾听、提示和对学生的思维做出回应来教学。罗宾·亚历山大和迈克尔·阿姆斯特朗（Robin Alexander & Michael Armstrong，2010）将这称为"支架式对话"（scaffolded dialogue），它涉及：

- 互动，鼓励孩子思考，并以不同的方式思考。
- 问题，不仅是要求进行简单的回忆。
- 答案，跟进并在此基础上继续发展，而不仅仅是收到回答。
- 反馈，提供信息，引导思维向前发展，鼓励。
- 发言，有深度的，而不是碎片化的。
- 交流，交流的意见串联在一起，形成连贯、深入的探究线索。
- 课堂组织、气氛和人际关系，使一切成为可能。
- 滚雪球式对话，对他人的想法做出回应并进一步发展。
- 搭建支架，为儿童提供适当的语言和 / 或概念工具，以弥合当前理解和预期理解之间的差距。

■ 迁移，成功地迁移所要学习的知识，并将新知识同化到现有知识和理解中。

这就是我们所说的"我同样多地运用对话与独白"的意思，这不仅是师生之间的对话，也是学生之间、学生和家长之间的对话。

下面，我们将介绍与参与对话相关的主要因素："课堂讨论""同伴辅导"和"小组学习"。

课堂讨论

"课堂讨论"是在《可见的学习》和《可见的学习（教师版）》两本著作出版之间、随着数据库的扩充而增加的因素之一。其效应量达到了 0.82，因此直接成了排名最高的因素之一，排在第七位（见图 7.1）。这个方法涉及什么，为什么如此有效？课堂讨论的特点体现在：（1）包含很高比例的学生活动；（2）通过学习过程中的言语对话，学生的问题和疑问显露出来；（3）学生接收来自教师的反馈；（4）教师从学生那里收到很多关于教学的反馈。这样，课堂讨论结合

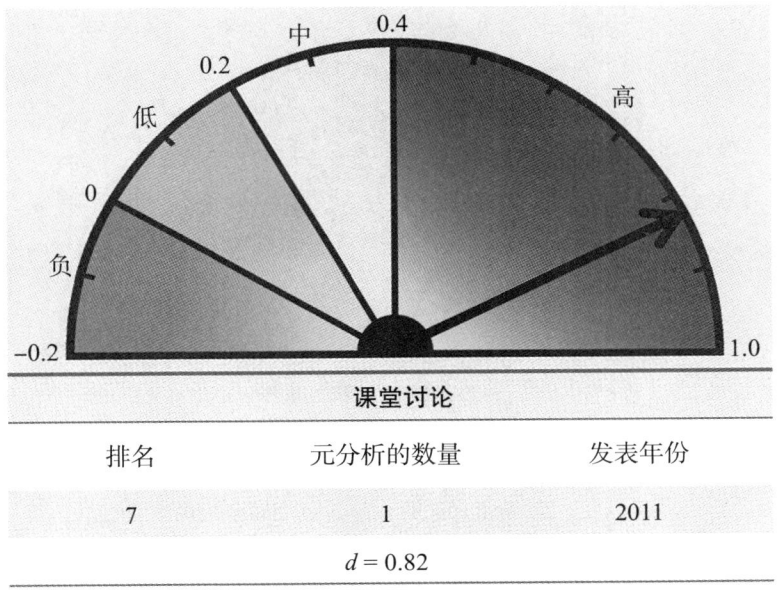

排名	元分析的数量	发表年份
7	1	2011

$$d = 0.82$$

图 7.1　课堂讨论

数据来源：Hattie & Zierer（2017）。

104　了几个能够产生很大效应的因素。因此，其主要特征是对话、以口头形式探讨学习材料和出声思考。在最近的研究中，哈蒂和多诺霍（Hattie & Donoghue，2016）表明，课堂讨论的最佳时间是在学生有足够的表层内容知识之后，这样他们就能准备好将想法联系起来，探索他们知道的和未知的，尝试将他们的知识迁移到不同情境中。因此，课堂讨论并不是一种在任何情况下都适用的方法，它取决于学习者及其当前的学习水平，尤其是他们对所学材料的掌握情况和表达能力。但无论如何，它显然是发展自我调节和深层理解的最有影响力的方法之一。

同伴辅导

　　让学生担任教师的角色，进而成为辅导者，这样的项目已经被反复地证明对所有参与者的学习表现都有重大影响——不仅是被教的学生，也包括进行教学的学生。我们相信大多数教师都知道，比起坐在教室里听别人讲课，他们在105　备课时学到的东西要多得多。但是，他们在备完课后往往会遗忘这一点，他们一走进教室就开始喋喋不休。在"可见的学习"中，同伴辅导的效应量为 0.55（见图 7.2）。这一研究结果最重要的限定条件是，同伴辅导不应该完全代替教

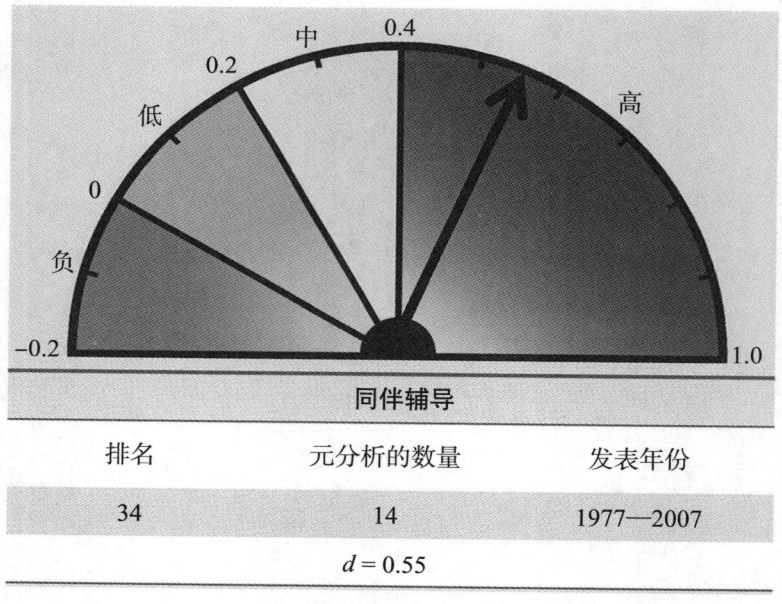

排名	元分析的数量	发表年份
34	14	1977—2007

$$d = 0.55$$

图 7.2　同伴辅导

数据来源：Hattie & Zierer（2017）。

师，因为那样的话，它的影响会迅速减弱，甚至会变成负面的——尤其是在挑战水平过高的情况下。这一项目应该作为教师活动的补充，并且教师应监督目标是否明确，学生的教学过程是否清晰，同伴辅导者是否知道如何评价他们的影响，以及同伴合作是否有一个合理的方向。因此，在同伴辅导中，学习同样变成了一个对话的过程，在这个过程中，学习者不仅是教学的被动消费者，而且一直是学习的生产者。

小组学习

在学校教学中开启对话过程，并使它顺利开展，对于教师来说是一个很有挑战性的任务。"小组学习"这个因素会是一个很好的例子。"小组学习"的效应量为 0.49——与其他有关学习群体规模的因素是存在明显差异的（见图 7.3）："缩小班级规模"的效应量只有 0.21，而"班内分组"是指在与学习任务无关的情况下，在较长的时间内将班级分成几组，其效应量只有 0.18。如何解释这些差异的原因呢？分析一下后两个因素缺少什么，就可以说明为什么前者有更大的影响力：后者更多的是结构性变化，结构（缩小班级规模，减少小组成员）

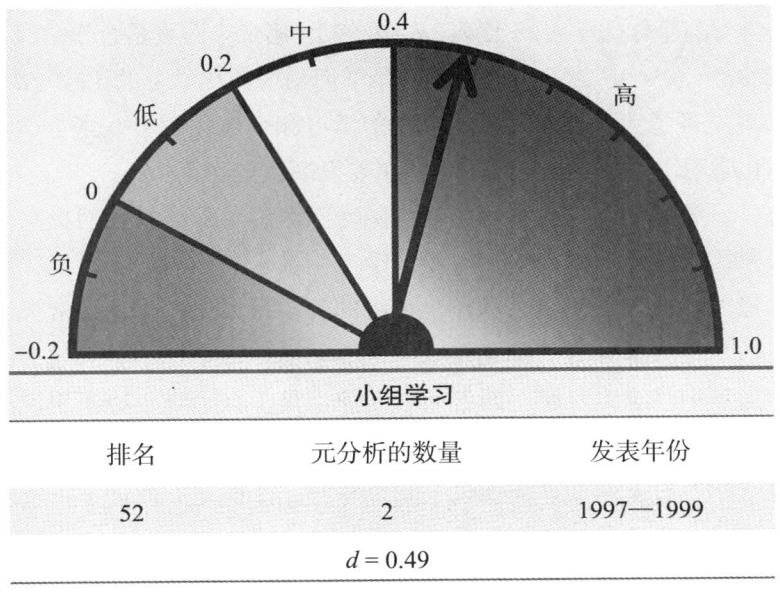

排名	元分析的数量	发表年份
52	2	1997—1999

$$d = 0.49$$

图 7.3　小组学习

数据来源：Hattie & Zierer（2017）。

往往被过度重视，但教学的本质不会因为结构不同而改变。例如，如果你将班级人数从30人减少到15人，但仍然以相同的方式进行教学，那么没有太大效果也毫不出人意料了。的确，鉴于"讲与练"是规模为25—30人的课中的主要教学方法，因此教师在规模更小的班级中仍然使用"讲与练"应该就不足为奇了：在班级规模越小的班级里讲得越多，团队合作和反馈就越少（Hattie，2009）。小组学习的成功之处在于教学有特定的目标（而不是缩小班级规模、按能力分组或分班），而且这些小组是临时性的，可以根据学习目标将不同学生重新组合，并且要求教师为每个小组任务建立基本架构。小组学习可以为对话提供更多优质的机会。在学校或者班级中采取小组学习是否成功，关键取决于教师是否拥有从独白转换到重视对话的心智框架，并据此设计自己的课程。

合作学习：利用同伴的力量

"合作学习"这个因素值得特别考虑，因为一起学习可能会培养"我同样多地运用对话与独白"这一心智框架。

我们应该注意到"可见的学习"中有几个因素涉及合作学习。其中一个因素是合作学习与个体化学习的比较（$d = 0.59$），第二个因素是合作学习与竞争学习的比较（$d = 0.54$），第三个因素是竞争学习与个体化学习的比较（$d = 0.24$）。因此，结果一目了然：合作学习优于竞争学习和个体化学习，竞争学习的效果优于个体化学习。关于合作学习的一些重要发现值得注意。

首先，研究表明，合作学习的效果随着学习者年龄的增长而提高。这表明合作学习是需要被学习的。很多时候，学生们被分在不同的小组里，就好像他们已经知道怎样做才能使自己和整个小组的效益最大化。学生经常被安排在合作小组里，却把大部分时间都花在了个人活动上。每个在小学教过书的人都知道让小学生集中注意力、举手回答问题、静坐是多么困难，更不用说一起学习了。这并不是说小学阶段的合作学习是不合适的。相反，小学阶段可以为今后成功的合作学习打下基础。顺便说一句，每种方法都是如此：学习者对一种方法的经验越多，它就越有效。

其次，研究还表明，对于某些任务，如记忆和完成家庭作业，合作学习并不比其他方法更有效。因此，对于不需要对话结构就能完成的任务，合作学习的影响就会降低。在最近对"我们如何学习"的相关因素的综合分析中，我们认为在学生习得表层或内容知识以后，合作学习更有可能获得成功。当他们准备好将他们的想法关联起来，当他们处于一种认知冲突的状态时，当他们有两个或两个以上合理但相互冲突的想法时，当他们需要找出矛盾所在时，当他们处在一种认知失衡的状态时，当他们想要验证假设时，当他们准备证伪一些旧想法时——所有这些时刻都有赖于对知识的了解。

最后，发展某些技能有助于最大限度地提高合作的效果（这既适用于学生，也适用于教师）。常言道，"人多智慧广"，但研究表明，群体需要有一些关键属性，其产生的结果才能优于个人贡献的总和。例如，当任务由分散的、事实性的题目构成（比如酒吧竞猜游戏或者竞赛节目）时，他们倾向于让自己进入一种"真理至上"的场景，在回答封闭性问题时，团队中最优秀的成员往往能够展现出更具主导性。然而，当团队任务需要经过深思熟虑的协商和判断时（例如，判断原告是有罪的还是无罪的），单纯对事实展开交流是不够的，相比起那些"最优秀的个体"，那些更能凝聚团队的人更加重要。这样的成员拥有的更多是"团队思维"（group-minded）而非"事实思维"（truth-minded），并且往往拥有很强的诸如"责任心"之类的人格特质，以及超越智商层面的认知能力，比如"社会敏感度"——解读情感线索并快速做出调整，聆听他人，使团队的意见从循环冲突中脱离出来，迈向富有成效的凝聚力。

这些研究发现增强了合作分组的价值，指出了它在以下这些方面发挥的重要作用：在学生之间创造对话，教导学生如何在团队中合作，减少教师的讲话以让学生表达自己的想法和理解，这样教师就可以倾听自己产生的影响，学生也可以倾听、理解和验证同伴的想法。

直接教学：作为合作学习的补充

109

直接教学接近排名的顶端，其效应量为 0.59，但它一直遭受严重的误解。因为关于"直接教学"这个因素的广为流传的谬见几乎与关于"合作学习"的谬见一样多，所以我们有必要对它们进行细致的分析。这非常重要，尤其是考虑到"直接教学"经常被曲解为教师按照别人写好的脚本，机械地遵照一套固定程序来进行讲授。事实上，这并不是直接教学。直接教学的显著特征包括以下几个方面：

1. 对课的学习意图有清晰的概念。

2. 教师需要知道学生被期望达到的成功标准，学生在什么时候应该对课堂／活动负责以及负责什么，并且将这些明确地告知学生。

3. 投入并参与到学习任务中。

4. 教师在授课时要进行示范，检查学生是否理解，以及提供样例。

5. 大量有指导的练习。每个学生都有机会通过活动或练习中的表现展示他对新学习内容的掌握情况，同时教师在必要时提供反馈和个性化的补救措施。

6. 课堂有总结环节，帮助学生将他们头脑中的想法整合起来，理解这节课所教授的内容。

7. 有独立练习——这可能是在实施直接教学时最为关键，却经常被忽略的一部分。

这份清单揭示了直接教学和说教式教学的区别，并且强调了对话在直接教学中的重要性：无论是明确课程的目标和内容，还是使用方法和媒介，都不仅需要教师有清晰的概念，而且尤其需要教师与学生之间的深入交流、合作与交锋。正是这种努力，能够成功地使学生对这些方面的理解达到同样的清晰度。讽刺的是，许多教育者蔑视直接教学（如前文所言，将其误认为说教式教学），更喜欢他们自己那一套"讲与练"的独白式教学法；他们宁愿相信自己的说法，而不是这种对学生学习最有影响力的方法。鉴于直接教学已经积累了这么多的负面印象，或许它应该换一个名字了。有些人主张将其称为"明示教学"（explicit instruction）、系统性直接教学，有些人主张用大小写（DI 与 di）做出区分。我们的主张是，前文提到的七个特征组合在一起能够产生强大的影响，因此我们用一个更加中性的名称去命名这种组合，那就是"刻意教学"（deliberate teaching and learning，DTL）。

因此，刻意教学是这样一种教学类型，即教师和学生都清楚地知道谁应该做什么，在何时何地做，为什么做，如何做，以及与谁一起做。教师就像是舞台上的导演或指挥家，在整节课上能够娴熟地运用各种方法引导学生，同时也让学生有机会在他们的学习中采取主动。要实施刻意教学，对话应该被放在优先位置，教师必须成为卓越的倾听者，同样重要的是，向学生展示教师是卓越的倾听者。刻意教学要取得成功，其关键在于教师和学生之间需要对目标、内容、方法和进步（即教师和学生双方的进度）达成一种共同理解。换言之，教师的清晰度需要与学生的清晰度相联系，两者之间的相互作用带来了教学的清晰度。

班级规模：于对话而言重要但不是必需

首先要说明一点，我们支持小班教学，因为这可以使许多特别有效的事情成为可能。"可见的学习"的研究综述表明，缩小班级规模的总体效应量是正的（0.21）。这意味着缩小班级规模可以提高学业成就，这就是效应量为正的含义。问题有三：相对于其他很多因素，为什么它的效应量这么小？我们应该花费数百万美元来进一步缩小班级规模，而不是把这些钱花在提高教师的教育专长上吗？我们怎样才能提高它的效应量？

想要知道它的效应量为什么这么小，我们需要研究一下教授一个规模较大的班级（通常有25—30个学生）相较于同样的教师教授一个规模较小的班级（通常有15—20个学生）会发生什么。正如我们前面所提到的，在规模较大的班级中，"讲与练"占主导地位（正如"可见的学习"所指出，这总体上是有效的）。当这些教师教授一个规模较小的班级时，他们会讲得更多，也会练习得更多。他们不会改变教学方法，从而在小班上创造更多的学习机会。总体效应量约为0.20的主要原因在于，学生在小班上无法躲避和逃脱教学的影响——所以讽刺的是，这种积极影响其实更多是学生所起的作用，而不是因为教师改变了他们的做法。

一份关于不同班级规模的研究综述表明，学生提出问题的比例、发表评论的比例、心不在焉的比例、等待在数学或阅读上的帮助的时间、课堂氛围、内容的覆盖率、与个体同学合作的时间和执行管理任务的时间都没有区别。缩小班级规模能够减少破坏性行为，但效应非常小。规模较小的班级会有更多的全班教学、更多的课堂复习时间，但个性化教学、师生互动和学生提问更少。学生对学校的态度、他们的自我概念和对课堂任务的参与度都没有差异（参见Hattie，2009）。

我们可以对教师进行再培训，让教师能够在小班上创造更多的学习机会。例如，如果我们利用较少的学生数量来最大限度地增加对话的机会，那么我们可能会看到更积极的效应，但这需要对我们的教师教育做出根本性的变革。而且，不出意外，如果独白变少了，对话增多了，那么不管班上有多少学生，这

111

种积极的效应都会发生。重要的是对话（而不是班级规模）。

我们绝不是在暗示缩小班级规模是没有意义的，或者可以随意扩大班级规模——这是对证据的另一种误读，因为缩小班级规模的效应量是正的，表明缩小班级规模的确提高了教学效果（只是不多而已）。我们要说的是，如果教师不利用结构性变化来改变他们的教学方式，缩小班级规模将不会产生很大的影响（但不是完全没有）。然而，如果教师成功地利用这些结构性变化来促进更深入的对话，效果将有很大的改观。

我从哪里开始？

几乎没有哪个领域能够像课堂一样找到这么多的方法去提高对话水平。其可能的方式几乎是无穷无尽的，包括小组拼图（group puzzle）、拼图教学法（jigsaw method）、玻璃鱼缸法（fishbowl）和餐垫活动（placemat activity）等，并且不断有新的想法涌现出来。因此，向你的课堂加入各种合作学习的要素会是一个很好的起点——目的是以结构化和考虑周到的方式，最大限度地促进学生对话：让所有小组成员都参与到对话中，评估对话对学生学习和理解的影响。然而，此时要记住的重要一点依然是，这不仅仅是选择方法的问题。更为重要的是，检验你选择的方法是否确实取得了成功。换言之，你的关键词应该是学习的证据，你的指导原则应该是"认识你的影响力"。

英语世界的一种常见的合作学习形式是"思考－配对－分享"策略（think-pair-share），它包括三个阶段：在第一个阶段（思考），学习者就某个主题提出自己的想法；在第二个阶段（配对），学习者结成小组去讨论和比较彼此的想法；在第三个阶段（分享），他们把第二个阶段的结果呈现给整个班级。

也可以考虑以下合作分组的方法，以最大限度地发挥对话的力量去促进学习。

拼图活动（$d=1.09$）

就像在拼图游戏中，每一小块——每个学生所承担的部分——对于完成拼图和完全理解最终成果都是必不可少的。如果每个学生的部分都是必不可少的，那么每个学生也是必不可少的，这就是这个策略十分有效的原因。为了展示如何使用拼图法，请想象一个任务：我们需要阅读《可见的学习》一书中关于五种影响因素的五个片段（这是我们在工作坊中经常开展的活动）。

1. 每五位学生坐在一起，分别编号为 A、B、C、D 和 E。

2. 学生 A 阅读关于其中一种影响因素，比如课堂讨论的材料，并做好笔记。B 做教师清晰度，C 做合作分组，D 做直接教学，E 做班级规模（大约 12 分钟）。

3. 所有编号为 A 的学生聚在一起（B、C、D、E 也同样做），并且讨论这个因素背后的故事，主要的信息是什么，等等（15—20 分钟）。这样做的价值在于所有的学生不管能力如何，都可以就一种影响因素的内容和想法教别人和从别人那里学习。

4. 然后，学生们回到原先的小组，汇报主要的发现和对他人的理解。现在，每个小组有了五组想法和理解。这一步的主要目的在于看到五种影响因素的主要信息之间的联系。

5. 随后每个小组分享他们的主要观点，并且要有全部小组的共同讨论，以确保所有人都理解这五种成功做法背后的主题。

6. 最后，每个组考虑提供给他们的一个或两个教学计划。任务就是根据你从这些影响中学到的东西，思考课堂的内容和教授方式：教学计划的长处在哪里，以及根据与这些因素相关的发现，你可能会做出哪些改变？

小组拼图

小组拼图需要首先将班级分为多个专家小组，每个小组负责准备课堂中所讨论的主题的一个方面。然后重新分组，原来的每个专家小组在各个新小组中都至少有一名成员代表。在新小组里，学生汇报并且讨论原来的专家小组的讨论结果（见图 7.4）。

玻璃鱼缸法

班级被分为内圈和外圈。内圈学生的任务是讨论老师布置的话题，外圈则扮演观察者的角色。内圈成员可以决定换到外圈，反之亦然（见图 7.5）。

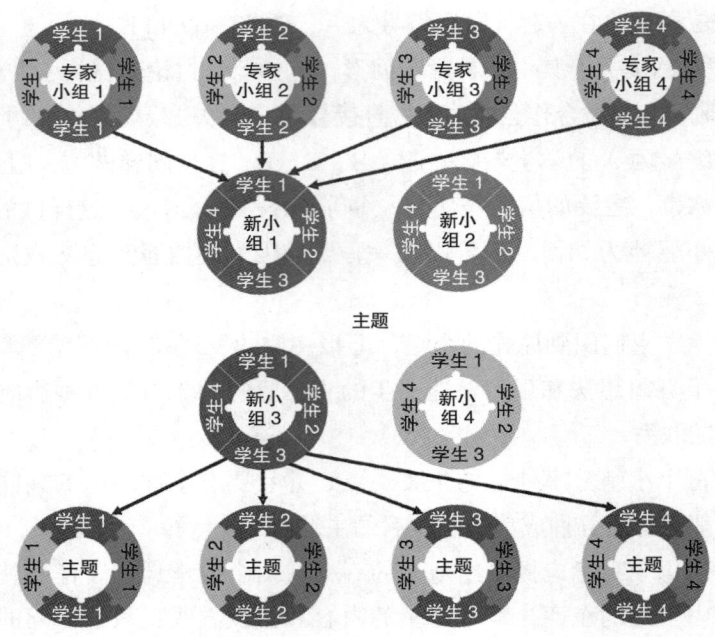

图 7.4　小组拼图

来源：Hattie & Zierer（2017）。

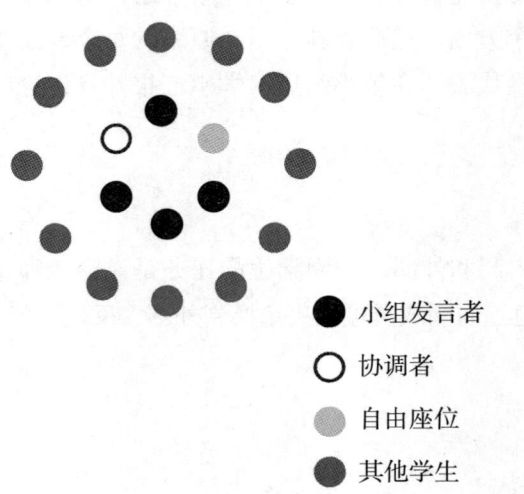

图 7.5　玻璃鱼缸法

来源：Hattie & Zierer（2017）。

餐垫活动

把班级分成四组之后，教师要求学生首先独立解决问题，并在类似于餐垫的纸上的每一侧写下他们的解决方法。然后，小组每个成员读出其他成员提出的解决方法，并对所有解决方法进行讨论。整个小组得出一个共同的解决方法，并将其写在"餐垫"的中央（见图 7.6）。

利用这些丰富多彩的可能方式，将合作学习融入你的课堂，并展开对话。始终记住，这些方法并不是取得成功的万全之策，而只是在过去被证明有一定可能性会对学生学习产生积极影响。它们绝不意味着你不用再承担寻找证据以确保你所选择的方法在你的课堂中同样成功的职责。我们在第六章"我给予学生反馈并帮助他们理解，我解读学生的反馈并以此作为行动依据"中提供了一些小窍门。

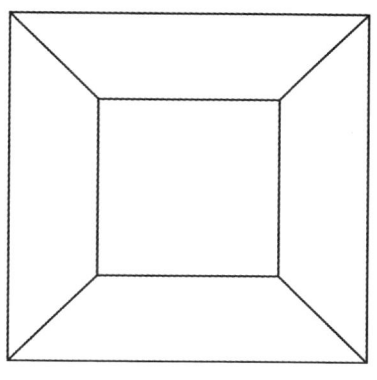

图 7.6　餐垫活动

来源：Hattie & Zierer（2017）。

检查单

下次备课时反思以下几个问题：

- 将对话阶段整合到课程中。
- 根据直接教学的原则来调整你的课堂计划。
- 在上课之前尝试明确目标、内容、方法和媒介。
- 确保你与学生对目标、内容、方法和媒介达成共同理解。
- 在你备课时，设法让你所选择的方法的效果可见。
- 只按照完成特定任务的目标对班级进行分组。
- 避免为了分组而分组。
- 通过合作学习的形式来利用同伴的力量。
- 确保加入了针对性的输入阶段。这对于准备、引入、评论、强化和跟进对话阶段都非常重要。

练习

- 回到本章开头，用不同颜色的笔填写自我反思问卷。你对那些陈述的看法发生了什么改变？而且最重要的是，为什么发生了改变？与同事讨论你的自我评估。

- 规划你的下一节课，并且加入一个合作学习的环节。从学生那里获得反馈。与同事讨论你的计划、课堂和反馈。

- 将你的课堂计划与本章中提到的直接教学的特征进行对比，并且修改你认为不够清楚的要点。与同事讨论这些修改之处。

第八章　我从一开始就清晰地告诉学生成功标准是什么

自我反思问卷

通过对以下陈述的同意程度来进行自我评估：1= 非常不同意，5= 非常同意。

我很擅长……

向学生展示课堂的目标是什么。

向学生展示学习的成功标准是什么。

我非常清楚……

学习需要清晰的、有挑战性的和透明的目标。

清晰的成功标准对学生是一种必要的帮助。

我的目标总是……

让教学目标清晰、有挑战性和透明。

向学生展示成功标准。

我完全相信……

我的职责是确保目标清晰、有挑战性以及透明。

清晰的成功标准对学生很重要。

118

短文

谁不知道以下的情况呢？老师迅速而含糊地解释了小组任务，然后离开了教室，而学生被留下来独自面对需要解决的问题。他们试图弄清楚小组任务的实际目标是什么，他们努力取得的成功应该是什么样的。在长时间的探索之后，他们达成了一致，然后老师回来了，询问他们取得了哪些学习结果。学生没有任何答案，因为他们没有时间来完成目标。如果老师在一开始用一些时间明确地告知学生，他们应该学习什么、为什么学习、如何学习以及下一步的目标是什么，上述的课程将大为不同。关于这些问题的对话不会导致沉默，而会使学习变得可见。

这一章讲的是什么？

这则短文阐述了本章的主要信息：成功的学习需要有清晰度——不仅是在学习过程中需要有清晰度，而且对于学习结果，也需要有清晰度。教师在课堂上越是能够向学生展示成功标准，学生的努力就越有效和持久。

当你读完这一章以后，你应该能够用这一信息解释：

■ "样例"和"掌握学习"这两个因素有多重要。
■ 学习目标和成功标准对可见的学习和成功教学的重要性。
■ "可见的学习之轮"指的是什么，以及是否有可能实施它。

"可见的学习"的哪些因素支持这一心智框架？

这是一场仍未休止的讨论：在学习过程中，何时有必要告知学习者课程的成功标准？两种立场相去甚远：一方面，有观点认为学习只有遵循压力曲线才能激发动力并且产生持续的效果，因此最好让学习者尽可能久地在黑暗中摸索；另一方面，一些人提倡在学习过程中尽早向学习者展示目标是什么，以及什么构成了学习的成功。

119

在下文中，我们不为任何一方辩解，因为合适的时机取决于课堂的目标。

例如，如果解决问题本身就是重点，那么要实现的目标可能会在稍晚时才变得明确；但在教授简单知识时，可能就要尽早地明确了。然而，实证研究的结果表明，有必要在课堂上的某个特定时间使学习者看到成功标准，并使成功标准成为明确的讨论对象。对于学生来说，知道自己何时达到学习目标和成功标准无疑是有帮助的。如果教学时没有提出学习的成功标准，就会错失机会。

因此，肯定有多种方法可以达到学习目标。但是，在实现目标之前揭示成功标准，对成功和可持续学习是必不可少的。在这一背景下，"我从一开始就清晰地告诉学生成功标准是什么"这样的态度，看起来对于成功的教学至关重要。在"可见的学习"中，有许多因素可以支持前文所说的内容。

样例

向学生展示样例是展示学习目标和成功标准的有效方法（见图 8.1）。通常，样例包括问题描述和适当的解决步骤，分为三个部分：（1）引入阶段（展示例子），（2）精细化或者训练阶段（跟进解决方案），以及（3）测试阶段（评估学习）。通过这一朝向学习目标的结构化过程，样例可以减轻学习者的认知负荷。

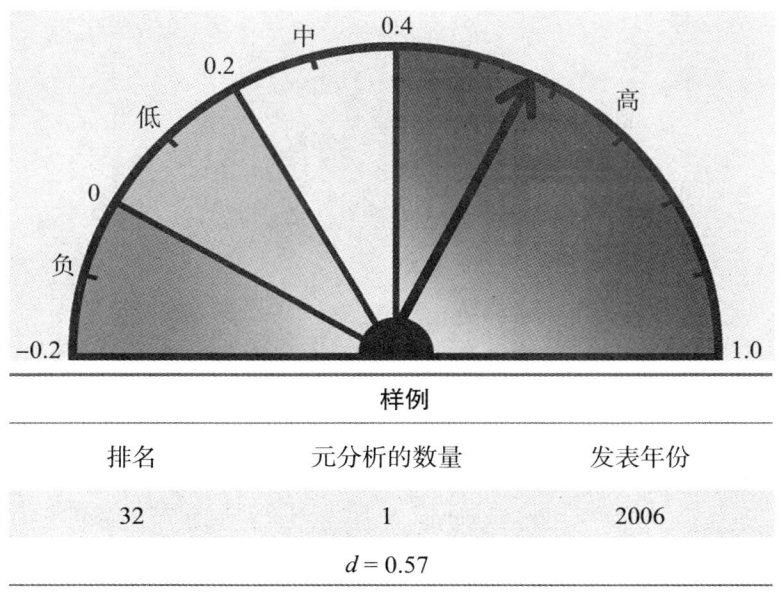

样例		
排名	元分析的数量	发表年份
32	1	2006
	$d = 0.57$	

图 8.1　样例

数据来源：Hattie & Zierer（2017）。

他们可以专注于得到正确答案的过程，而不是给出一个可能对也可能错的简单答案。如果将注意力放在识别学习成果和成功标准上，可能会带来更多的认知挑战。

通过提供样例，教师减少了学生对"手段－目的"的搜寻；也就是说，学生更多地关注问题和过程中的步骤，因此更有可能得出一般性的解决方案或图式。注意力没有放在答案是对是错上，或者是否达到预期的表现水平上，而是放在了学习的过程上。朱新明和西蒙（Zhu & Simon，1987）在完成多项长期研究后报告称，与传统的、不提供样例的课堂相比，样例可以使学习效率提高 1.5 倍。帕斯和范·梅里恩布尔（Paas & Van Merriënboer，1994）发现，在学习解决几何问题时使用样例，可以带来更低的认知负荷、更好的图式构建和更好的迁移表现。

掌握学习

掌握学习法（其效应量见图 8.2）的基本思想是，当教师为儿童理解和掌握所要学习的知识和技能提供足够的解释时，所有儿童都能学到一些东西。掌握

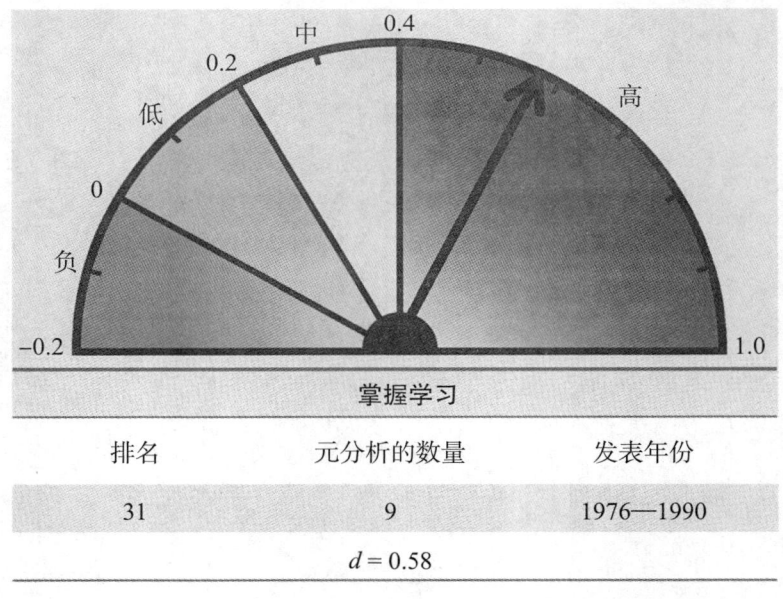

排名	元分析的数量	发表年份
31	9	1976—1990

$d = 0.58$

图 8.2　掌握学习

数据来源：Hattie & Zierer（2017）。

学习通常涉及规定学生达到一个特定的掌握水平（比如，词汇测试的正确率达到85%），然后再推进对新知识的后续学习。它需要大量的反馈和清晰的成功标准，并且可以形成教学和学习的良性循环——只要学习一直有趣并且有适度的挑战性。它能够有效地促进差异化学习，因为尽管要达到的掌握水平是不变的，但达到这个掌握水平所用的时间和方法却是可变的。它还关注教师的教学技能，以及认识自己对学生学习的影响力的技能，这些技能使他们能够调整教学方式以帮助学生达到掌握水平。不要说"真棒，这样就足够好了"，因为教师和学生都清晰地知道掌握水平，但无疑教师有很多准备工作要做，以确保掌握水平合适，确保有适当的结构和时间来使学生达到掌握水平，以及为学生提供高度个性化的学习周期。

掌握学习对于能力较弱的学生的影响尤为明显，主要是因为它会使针对这些学生的教学所需时间平均增加25%。布卢姆（Bloom，1984）认为，虽然学生在学习速率上有很大差异，但如果教师能够提供适当的时间和合理的学习环境，几乎所有学生都能达到有适度挑战性的成功标准（Guskey，2010）。

目标和成功标准：缺一不可

迄今为止的研究结果表明，对于成功教学，学习目标和成功标准的相互作用是至关重要的：它们就像是一个硬币的两面，两者在发挥效果时是相辅相成、缺一不可的。因此，当其中一方被揭示出来时，另一方也值得被解释。两者的区别在于，学习目标在学习过程的一开始就揭示了学习的目的是什么，而成功标准则是在达到了学习目标并且学生可以看到他们已经达到了学习目标的时候才是可见的。

在这样的背景下，重要的不仅是要让教师知道课堂的目标是什么、何时要实现，而且是要与学生分享这一知识，并且明确地将其作为课堂的主题。

以下概述尝试说明学习目标与成功标准之间的相互作用和相互关系（见表8.1、表8.2和表8.3）。为此，我们选定了一个教学示例，运用第五章提到过的SOLO模型进行解读（参见 Hattie，2012）。

学习目标与成功标准

表8.1　认识到光和声音是通过眼睛和耳朵感知到的能量形式

单点结构 / 多点结构	认识到光 / 声音是一种能量形式并且具有某些性质	我能说出光 / 声音的至少一个性质
关联结构	认识光 / 声音可以转换成其他能量形式	我能解释光 / 声音如何被转换成其他能量形式
抽象拓展结构	理解光 / 声音如何让我们能够交流	我能讨论光 / 声音如何让我们能够交流

表8.2　能够绘制法线、测量角度以及定义反射定律

单点结构 / 多点结构	能够画射线图，包括法线，并且能够正确绘制角度	我可以画射线图，并且能够正确绘制角度
关联结构	能够联系"入射线"和"反射线"这些术语定义反射定律	我可以联系"入射线"和"反射线"，"法线"和"光滑表面"这些术语，定义反射定律
抽象拓展结构	认识到反射定律对于所有平面都适用，并且可以预测如果是粗糙表面，会发生什么	我可以预测如果光线从粗糙表面反射会发生什么，并且能够解释为什么

表8.3　能够使用光线箱（ray box）了解凹面镜和凸面镜如何发挥作用

单点结构 / 多点结构	知道改变一个物体到凹面镜的距离会改变图像	我可以认识到凹面镜中的图像会随着物体靠近或远离而改变
关联结构	能解释为什么凹面镜被称作"会聚镜"，凸面镜被称作"发散镜"	我能解释为什么凹面镜和凸面镜分别被称作"会聚镜"和"发散镜"
抽象拓展结构	认识凹面镜和凸面镜的光线反射规律，并能够进行概括	我可以对凹面镜和凸面镜的光线反射规律进行概括

这个例子展示了实证研究的结果，即目标和成功标准对于学习成功至关重要，并引出五个教学启示：

第一，挑战。清晰的学习目标和成功标准可以让学习者更好地理解他们在学习过程中的位置，他们有什么样的优势和劣势，以及可以做到的与暂时还不能做到的差距在哪里。如果不能正确地理解这些问题，学习者可能会感到紧

张——尤其是当个人的或与表现无关的方面成为教学的焦点时。对学习主题和学习目标的关注可以提供一种补救措施，从而使学习者以正确的视角处理错误。

第二，自我投入。为了让学习者对自己的学习负责，学习目标的可见性和对成功标准的讨论都很重要。这一点做得越好，就可以取得越大的学习成功。除了前文提到的挑战之外，社会交往和同伴影响也会带来高度的自我投入。

第三，自信。信任自己的能力对于学业成功很重要。这是自我效能感和社会交往的结果。最重要的是，教师要把握机会，通过使学习目标和成功标准清晰可见，向学习者展示他们已经能够做到什么，以及在哪些方面取得了进步。在此基础上，教师可以向学生提出一些挑战，但这些挑战应该是学生能够掌控且不会造成过多负担的。

第四，学习者的期望。清晰的学习目标和成功标准可以帮助学习者进行自我评估——在某种意义上，他们学会了对自己有一个现实的期待。这一切不是一条容易的路，而是需要许多对话和反思。但它是成功学习者的标志。

第五，概念性理解。学习是从表层理解转变为深层理解的。但它们并不是一个比另一个更好，而是后者建立在前者的基础之上，这显示了它们的相互作用。对这种相互作用的理解就是所谓的"概念性理解"。当学习者知道自己处于哪个水平、为什么这个水平很重要以及下一步要做什么时，他们就能够更有效地和可持续地学习。学习目标的可见性和对成功标准的讨论是教师的重要工具。

我从哪里开始？

2015 年，澳大利亚各地播放了一部名为《变革学校》（Revolution School）的多集纪录片，内容涉及一所学校的发展过程，引起了各大媒体的关注：坎布里亚学院（Kambrya College）从澳大利亚最差的学校之一转变为最好的学校之一。坎布里亚学院始建于 2002 年，位于距墨尔本仅 50 公里的伯威克（Berwick），目前有 1000 多名学生，其中 25% 以上的学生有移民背景，来自至少 35 个国家，可以说，这是一所典型的 21 世纪学校。在 2008 年，这个学校被标识为"红色学校"——低成就，低进步。所以，由校长迈克尔·马斯喀特（Michael Muscat）领导的学校管理团队着手与墨尔本大学研究生院联系。在这次交流中，他们制定并落实了许多策略和程序，以帮助学校取得进步。不久，他们实现了改革学校并使其走向成功。这种成功几乎全是源于领导团队的尽职尽责、教师的奉献与热忱。他们将研究结果应用于实践，落实和完善，并不懈地评估其影响。我们从众多干预措施中挑选出一种，以阐明该心智框架的核心思想，并将其作为迈向专业化的第一步。

在一次深入交流的过程中，教师们一致同意要使成功教学的核心因素可见，并且不断地强调它们。最终决定是将重点放在"目标"和"成功标准"这两个因素上。当然，他们也可以关注其他因素。然而，更重要的是，教师们首先对学习成功和教学质量进行讨论，其次他们需要同意将这种理解作为一切教学行为的原则。课堂质量不仅对教师可见，而且更重要的是对学习者可见。学校为自己设定的目标并不是随意得来的，而是从基于证据的经验教训中获得的：不会再有一节课，学生不清楚他们为什么要学习某些东西；不会再有一节课，没有向学生展示成功标准是什么；也不会再有一节课，学生不知道他们正在使用哪种媒介，以及出于何种目的。

最终，这个沟通过程及其带来的对教学的理解，为坎布里亚学院的成功提供了保障。这所学院从该州的倒数 10% 升至前 20%。对高效的集体期望带来了深刻的变化。我们在此过程中，在对上述工具的共识中，看到了一条值得选择的循证之路。

因此，请与你的同事交谈。定义课堂的成功标准，然后让它成为你们的教学准则，让它对学生可见。将这些成功标准展示在教室的中心位置，而不是放在一边，并且在整个课程中参考它们。让学习可见，创造挑战，增强自我投入，建立信任与合理期望，形成概念性理解。这样，你就朝落实"我从一开始就清晰地告诉学生成功标准是什么"这一心智框架迈出了决定性的一步。我们在坎布里亚学院应用的所谓的"可见的学习之轮"（Visible Learning Wheel），可能会有所帮助（见图 8.3 ）。

为了避免误解，必须说明："可见的学习之轮"不应该被视为一种束缚，它是集体专业化的一种表达，因此它也应该被视为教师的一种基本态度。对于学生来说，它带来了教与学的可见性，这才是最根本的原因。

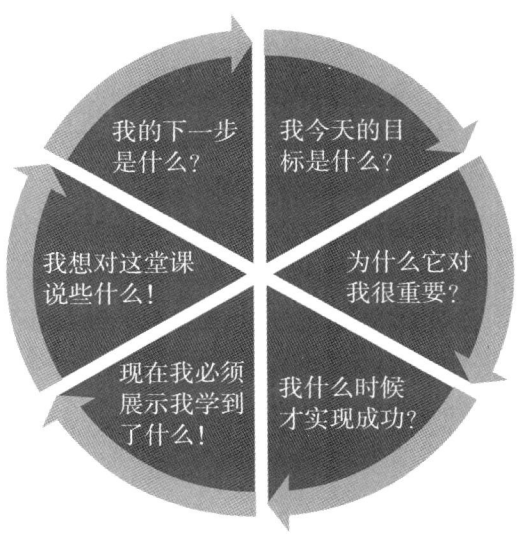

图 8.3 可见的学习之轮

来源：Hattie & Zierer（2007）。

检查单

- 始终为课堂目标制定适当的成功标准。
- 使成功标准在学习过程中可见，并把它们说出来。
- 在学习过程中引入案例研究，以使学习目标和成功标准都可见。
- 以调整学习目标和明确成功标准为目标，完成每一节课。
- 通过寻求反馈来确保学生理解成功标准。

练习

- 回到本章开头，用不同颜色的笔填写自我反思问卷。你对那些陈述的看法发生了什么改变？而且最重要的是，为什么发生了改变？与同事讨论你的自我评估。
- 规划你的下一节课，加入一个样例。与同事讨论你的计划和实施。
- 与同事一起设计一个"可见的学习之轮"，并从学习的视角与学生讨论它的好处。与同事讨论你的经验，基于证据改进此工具。

第九章　我建立关系和信任，使学习发生在允许犯错和相互学习的环境中

自我反思问卷

通过对以下陈述的同意程度来进行自我评估：1= 非常不同意，5= 非常同意。

我很擅长……

考虑到学生所处的环境。

在班级中建立一种归属感。

我非常清楚……

积极的师生关系很重要。

学生所处的环境对他们的学习有很大的影响。

我的目标总是……

让学生信任我。

在学生之间建立信任。

我完全相信……

积极的师生关系非常重要。

在班级里建立一种公平且积极的氛围很重要。

短文

只有很少的孩子在第一次做课堂展示时就毫无畏惧。在这种情况下，老师们往往没有过多的选择。学生们可能会说"我很紧张""要是我忘词了怎么办？""要是失败了怎么办？""要是同学们嘲笑我怎么办？"或者"我做不到"，这些都意味着他们需要帮助。无论老师事先如何煞费苦心地和学生们讨论如何进行课堂展示，真的到了展示时，他们还是会把一切理论都抛诸脑后。孩子们需要一种自信和信任的氛围，一种可以给他们带来安全感的氛围，使他们能够完成展示。

这一章讲的是什么？

这则短文阐述了本章的主要信息：学习需要一种积极的关系——无论是师生之间，还是学生之间。因此，教学本质上是以建立关系为基础的，关系越是安全和可以信任的，孩子们就会学得越多。这些积极的关系是学习的驱动力——在一个有挑战性的情境中，它们构成了一种可使用的资源，因为学生只有感受到足够的信任，才愿意寻求帮助、再次尝试，以及以开放的心态与同伴一起探索。

当你读完这一章以后，你应该能够用这一信息解释：

- "教师期望""师生关系""减少焦虑"等因素有多重要。
- "宜家效应"对发展完好的师生关系有何意义。
- 对于加强师生关系，为什么"还没有"总比"不"更好。
- 为什么幽默和愉快应该在学校和课堂占有一席之地，以及它们如何能够改善师生之间的关系。
- 什么是"变色龙效应"，规则和仪式对于建立和维持完好的师生关系有什么影响。
- 为什么教师可信度是建立积极的师生关系的关键。

"可见的学习"的哪些因素支持这一心智框架?

学习需要一种安全、信任和自信的氛围，而不是一种畏惧和压抑的氛围，这绝不是一个新观点。你只需要想一下，约翰·弗里德里希·赫尔巴特（Herbart，1808）的"教育机敏"，赫尔曼·诺尔（Herman Nohl，1970）的"教育关系"，乃至奥托·弗里德里希·博尔诺夫（Otto Friedrich Bollnow，2001）的"教育之爱"。所有这些概念都强调了师生关系对成功学习的重要性。

接下来，我们会展示一些与发展积极关系相关的重要因素："教师期望""师生关系"和"减少焦虑"。

教师期望

教师期望在"可见的学习"中的效应量为 0.43，这应当引起我们的重视（见图 9.1）。

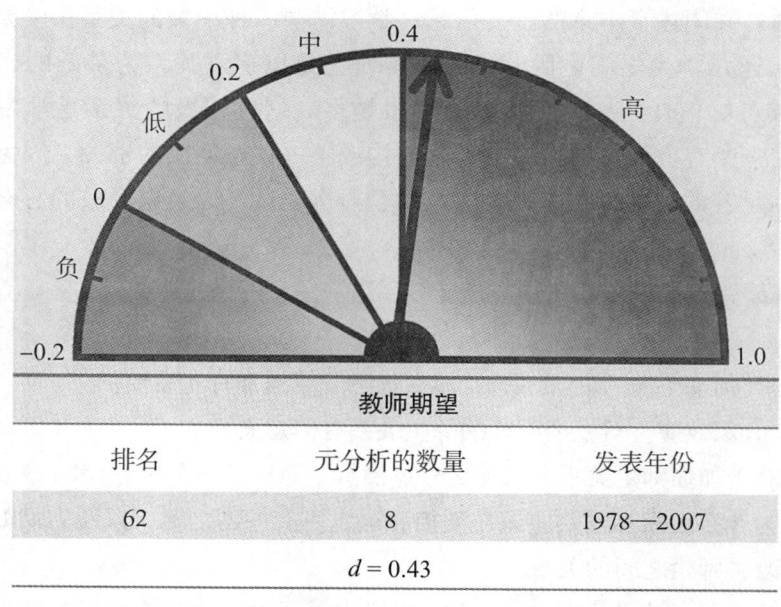

排名	元分析的数量	发表年份
62	8	1978—2007

$d = 0.43$

图 9.1 教师期望

数据来源：Hattie & Zierer（2017）。

罗森塔尔（Robert Rosenthal）和雅各布森（Lenore Jacobsen）有一个较为著名的教育实验，被称为皮格马利翁效应（Pygmalion effect）。皮格马利翁是一位希腊雕塑家，他爱上了他所雕刻的一位美丽女子的雕塑，亲吻并且爱慕着这个雕塑，随后这个雕塑变成了一个真正的女人，皮格马利翁的期望也实现了。罗森塔尔和雅各布森告诉老师，他们的学生中有一半会在这一年中表现优异，而另一半的学生——根据他们的测试结果——不会有优异表现（但事实上学生是被随机划分到优异组的）。果然，在年底，优异组学生的表现优于非优异组学生。考虑到分组是随机的，研究者们认为，正是老师对于优异组学生有更高的期望导致了这样的差异。

这一实验结果也引发了很多关于期望由来的猜想——性别、种族、社会阶级、刻板印象、诊断性标签、外貌、语言风格、学生年龄、个性、社交技能、师生关系、学生的背景、姓名、是否有兄弟姐妹以及是否来自单亲家庭等。以上所有因素都不能成功解释老师期望的来源。克里斯汀·努比－戴维斯（Christine Rubie-Davies，2016）认为，这些归因建立在误解之上。最重要的原因应该是，那些对学生有高期望的老师倾向于对所有学生都持有高期望，对学生期望低的老师也倾向于对所有学生都持有低期望。在她的研究中，她对刚入学一个月的学生进行测试，并把结果交给老师，然后让他们预测学生在年底的成绩。果然，那些对学生有高期望的老师更有可能提高学生们的学习，而那些期望低的老师在一年时间里几乎没有改变学生的成长。

在另一项研究中，努比－戴维斯（Rubie-Davies，2014）指出当老师相信原住民群体（在此案例中指毛利学生）的学习水平通常较低时，这种信念将对学生的表现有负面影响——尽管这些毛利学生在学年开始时的表现并不比其他人差。这可能是由于学生意识到老师的期望，然后按照老师的期望去做。努比－戴维斯（Rubie-Davies，2014）观察到，高期望教师会采取一些得到有效教学相关文献支持的措施，这些措施将他们与低期望教师区分开来。高期望教师更有可能将新概念与先前知识联系起来，利用支架来支持学习，更加频繁地提供优质反馈，提更多问题，并且更多地使用开放式提问。

因此，这一心智框架中的关键部分是，教师对所有学生的期望是高还是低（或者更糟糕，根本没有）。课堂氛围、学生对师生关系的基础的感知都能传递期望——这些都可能转化成好或不好的行为。"可见的学习"研究的一个重要主张就是，期望的差异在很大程度上解释了教师有效性的差异。考虑到学生会感受和相信教师的期望，我们就可以看到，教师在学校内部和学校之间进行合作，共同校准他们的期望是多么重要——"擅长"历史、音乐、钣金加工意味着什么？说这代表着"一年的成长"意味着什么？

师生关系

人们早就知道，教育研究最基本的洞见之一就是积极的师生关系对成功学习是至关重要的。这可能应该被视为学校学习必不可缺的条件，因此它在"可见的学习"中的效应量高达 0.72（见图 9.2）也就不会让人惊奇了。师生关系的重要性是毋庸置疑的，但维持这种关系却是一项复杂的任务：教师需要具备许多技能来创造一种有利于学习的氛围，这不仅涉及学生与教师之间的积极关系，而且也涉及学生之间的积极关系。虽然关于师生关系的研究不胜枚举，但我们可以用父母的教养方式（parenting style）的相关研究来说明这个领域的主要信息。根据培养个性发展的有效性，教养方式通常被分为四种：专断型（authoritarian）、放纵型（indulgent/ permissive）、忽视型（neglectful）、权威型（authoritative），它们在亲密度（亲密–疏远）、控制性（控制–自由）这两个维

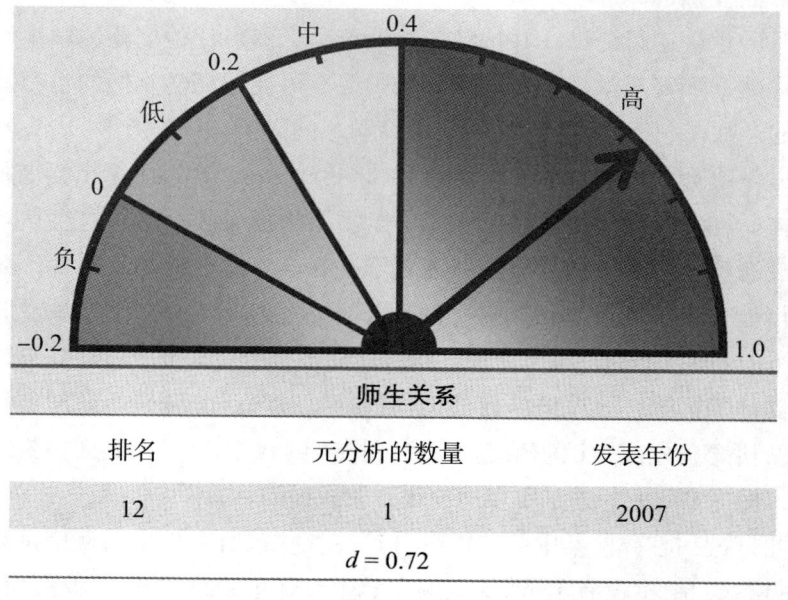

排名	元分析的数量	发表年份
12	1	2007

$$d = 0.72$$

图 9.2　师生关系

数据来源：Hattie & Zierer（2017）。

度上有本质的不同。专断型教养方式的特征是低亲密度、高控制性。放纵型教养方式的特征是高亲密度、低控制性。忽视型教养方式的特征是低亲密度、低控制性。最后，权威型教养方式的特征是高亲密度、高控制性。尽管文献中对这些教养方式的评价不尽相同，但一种普遍的看法是权威型教养方式最有可能实现有效学习。这种教养方式创造了一种公平感和可预测性，因而让人对参与学习产生一种安全感，不畏犯错、寻求帮助和积极地与他人合作。这为学生创造了最佳条件，使他们有足够的安全感去犯错，去发现思想背后的新关系，并从错误中学习。

减少焦虑

少许的焦虑可以起到帮助作用，过度焦虑则可能是很大的障碍。在后一种情况下，我们通常会产生对立（主动抵抗、不守规矩、制造分心或干扰）或逃避（不参与、抗拒参与或表现出厌倦）。因此，降低焦虑水平（从而避免对立或逃避）的方法对学习过程有积极影响，在"可见的学习"中的效应量达到 0.40（见图 9.3）。我们还注意到，厌倦（boredom）的效应量是最低、最负面的

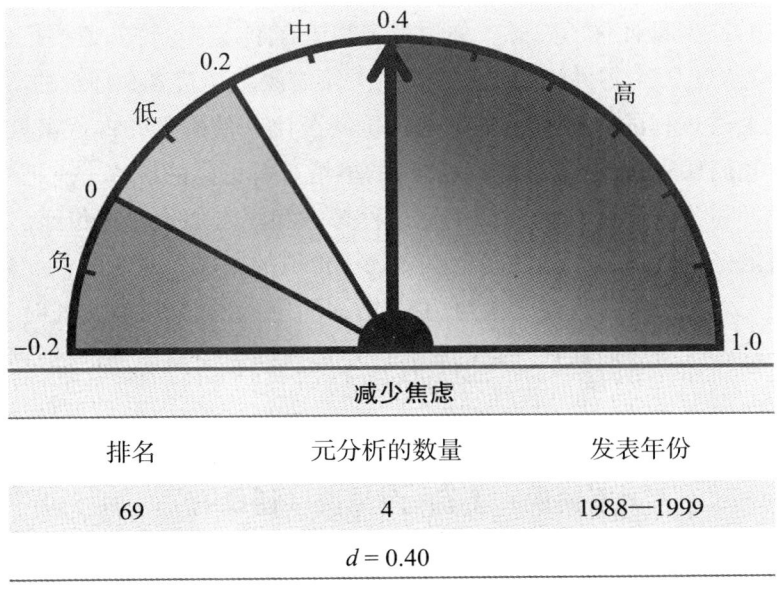

排名	元分析的数量	发表年份
69	4	1988—1999

$d = 0.40$

图 9.3　减少焦虑

数据来源：Hattie & Zierer（2017）。

（$d=-0.49$）。这意味着教师应该避免采用导致学生过分焦虑的方法，而应选择能够减少焦虑的方法，从而让他们迎接挑战或参与学习，并激发他们的信心和信任。最先受益的是学习者的自我效能感，这是另一个处于理想效果区域的因素，其效应量为 0.47，因为学生将更加自信地迎接挑战。在没有挑战和有太多挑战之间取得平衡，那就是"学习区"（zone of learning）。在这个区域里有足够的忧虑，但又不足以让学生放弃尝试完成任务（对立或者逃避）。在这个区域内，学生不会将他们的成就归因于他们的能力，而是归因于他们在任务中付出的努力。关键是要在师生之间、学生之间建立积极关系，这些关系将会创造一种积极的环境：我们可以在别人面前犯错误，积极探索和批判各种想法，向他人学习。

如前所述，支持"我建立关系和信任，使学习发生在允许犯错和相互学习的环境中"这一心智框架的实证证据，可以作为适合在课堂上立即实施的具体方针的基础。下面我们举几个例子。

宜家效应

你熟悉宜家效应吗（参见 Hattie & Yates，2015，p.295；Norton, Mochon, & Ariely，2012）？即使你不熟悉，你也肯定知道宜家，你也许知道要把你买的扁平包装中成千上万个零件组装成一个书架并不容易。消费者心理学的研究表明，成功完成上述过程的人对宜家书架的评价甚至比一件昂贵的古董家具还要高。这是因为我们认为自己参与创造或解决的事情有着更高的价值——把书架拼装起来是我们付出努力和汗水的结果。这种努力和汗水似乎直接传递到产品中，在我们的记忆中留下了深刻的印象，导致了价值的增加。这对学校和教学有什么启示呢？无论何时，只要学生努力完成一项任务，教师就有责任对学生的成就表示尊重和欣赏。做到这一点的教师能够加强师生关系，不这样做则会损害师生关系。

不要说"不"，而是说"还没有"

这是心理学研究中最简单的研究设计之一，却得到了最令人震惊的研究结果：卡罗尔·德韦克（Dweck，2012）的研究以"还没有"（not yet）这个短语而闻名，她用这个短语说明了教师对学生说"你做不到"或"你还没有做到"

会产生的不同结果。前一种说法会让学生失去动力、感到挫败、感到耻辱，而后一种说法会让他们更有信心、更愿意努力，从而取得更好的表现。为什么？因为"你还没有做到"给学习者的信号是，只要他们付出努力就能实现目标，他们走在正途上，值得以同样的方式继续下去，只要继续努力提升自己，就有机会收获成功。这意味着教师在课堂上，尤其是在给学生反馈时，应该斟酌自己的用词，并与同事一起反思，这是非常重要的。

传递笑容

　　幽默和愉快是成功教学的重要组成部分，会对学习过程产生积极影响。这种观点并不新鲜，从很久之前就有这种说法了。现在，我们也有实证发现来支持这种说法，并证明幽默和愉快的教学最有可能取得成功。这并不意味着教师应该让他们的学生一直笑，更不用说把自己变成小丑。一般而言，在工作场所运用幽默能够产生显著的效果（与工作表现的相关系数为 0.36，与应对技能的相关系数为 0.29，与健康的相关系数为 0.21，与疲劳的相关系数为 −0.23，与压力的相关系数为 −0.20；参见 Mesmer-Magnus，Glew，& Viswesvaran，2012）。学习是一件严肃的事情，但它也需要有一些放松的阶段，让每个人有机会取笑自己、学科和学校。当我们处于自身能力的极限、犯错和不知道下一步怎么做时，幽默能够减轻我们的压力。从心理上讲，教师总有一张可打的王牌，因为微笑是有感染力的——尤其是发自内心的微笑、真诚的和真实的微笑、在共同体中分享的微笑。20 世纪 90 年代有一项关于这一现象的研究（参见 Hattie & Yates，2015，p.250）：研究人员在大城市的人行道上对陌生人微笑，超过半数的人会本能地回以微笑。因此，我们作为教师的职责就是让我们的学生笑，确保幽默和快乐在课堂里占有一席之地。微笑会发出建立关系的积极信号，同样，不微笑会发出消极信号。板着脸走进教室的教师不必惊讶他们的学生从来不笑，而且同样倾向于板着脸——除非是在背后嘲笑教师们是这样一群板着脸的人。我们完全有理由让学习变得有趣和快乐，尤其是在学习具有挑战性的时候。

"变色龙效应"和规则与仪式的重要性

　　规则和仪式是每个共同体的一部分，也是文化的一个显著特征。它们提供方向，激发信心和信任，创造归属感和共同体感，也是相互尊重的表达。因此，为教室制定一份规则和仪式的清单，并将其作为增强师生关系的一个共同且一致的基础是有价值的。它可以也应该包括一些简单的事情，比如每天开始上课时先问好，下课时也要有解散的仪式，或者每天放学时用"结课便签"来庆祝一天的学习。教师可以要求学生在课堂结束时记录自己的学习，评估学习的有效性，或强化学习的过程（Fisher，Frey，& Farnan，2004）。

在这方面很有趣的是关于所谓"变色龙效应"的研究。这些研究表明，我们会无意识地改变我们的行为，以匹配我们在社会环境中与之互动的其他人的行为，比如改变我们的姿势、不经意的动作、手势、面部表情和语速等。我们可以在年幼的孩子模仿父母时观察到这种效应，在办公室、学校和教室里也可以发现这种效应。例如，如果老师问了很多每个人都知道答案的问题，那么学生通常会问老师一些他们已经知道答案的问题——提问变成了一种表演，而不是探究。变色龙效应表明，人们会无意识地与周围的人互动，并根据对方的行为调整自己的行为。这一过程也被称为"模仿"（mimicry），并且可以用镜像神经元理论，在神经科学的层面上解释这一现象（参见 Hattie & Yates，2015，p.278）。我们的关系越亲密，我们就越会互相模仿。

这些发现对学校和教学的影响是不言而喻的：教师可以通过展现他们的热忱来充当学生们的榜样，通过运用他们的能力和心智框架，让学生也采用类似的心智框架。因此，教师需要留意自己如何进入教室，如何与学生互动，当学生犯错误时如何反应，以及自己使用了什么手势和面部表情。在你教学的时候，让别人来观察这些细节，或者更好的做法是，观察你的学生的行为，然后自问："他们是不是在模仿我的行为？"

理性行为理论（Fishbein & Ajzen，1975）是解释行为变化的最有力的理论之一，该理论认为主观规范（subjective norms）是行为变化最重要的预测因素。主观规范与采取或不采取某一行为（如戒烟、健身塑形、努力工作等）时所感知到的社会压力相关。因此，在课堂（或学校）中建立的规则和仪式是非常重要的。遵守规则和仪式的学生对他们的同伴有积极的影响。

相反，有消极行为的教师或学生也会对他们的同伴产生负面影响。破坏性行为也具有传染性，会使班上的其他学生成为捣乱者。课堂管理的研究可以参见第四章，"我驱动变革，相信所有学生都能进步"这一心智框架呼吁大家注意这一点，并强调尽快控制这种行为，以避免负面后果——不能让这种消极行为成为主观规范。与那些有破坏性行为的学生交谈，接受挑战，尝试改变这种破坏性行为。只有采用这样的心智框架，你才能成功。

一朝失诚，永难得信：可信度是完整师生关系的核心

在大多数情况下，领导者缺乏可信度会导致共同体的共存变得极其困难。因此，"教师可信度"这一因素在"可见的学习"中的效应量达到 0.90，也就不足为奇了。

学生如何辨别教师是否可信？大多数学生会说，可信的教师会做出公平的判断。我们之前已经看到了公平感的重要性，与其他属性（比如他们是否强硬、友好、放任）相比，这通常是更理想的教师属性。其他学生会说可信的老师是真诚的。我们在之前讨论宜家效应和卡罗尔·德韦克的"还没有"研究时，也看到了真诚的重要性。这意味着认真地对待学生和他们的成果，给予他们应有的关注，避免肤浅的反馈以保持学习路径的开放，并与学生合作，帮助他们达到课堂理想的成功标准。同样，这意味着不要淡化错误的重要性或完全忽视错误。这不是获得学习者信任的方法——尤其是对那些清楚自己（还）不知道什么的人。这里所要求的素质，同时是对于加强师生关系非常关键的素质，是为学习者提供差异化反馈的能力和心智框架。

139

我从哪里开始？

本章所描述的例子强调了教师在课堂中人际关系这一关键因素上所能施加的影响。留意以下这些方面：你的举止，你的姿势，你的手势和面部表情，你的语气，你的微笑，还有你的眼神交流。重要的不仅是你在课堂上说了什么，还有你是如何以及为什么说这些话的。因此，重要的是要反复思量，尤其是在困难的情况下，你说了什么、怎么说的，以及为什么说。问问你自己，观察你对学习者的影响。利用新媒介为自己的教学录制一段视频（"微格教学"，也包括录制教学视频，达到了 0.88 的效应量）——使用智能手机进行录制既快又容易。然而，仅仅录制视频是不够的。你还需要分析和解读它。与学生或者你的同事交谈，获得一个外部的视角。"我期待什么？""哪些做法能够鼓励学生？""什么是意料之外的？"和"我想改变什么？"，诸如此类的问题可以为

反思提供基础。

本章提出的观点展示了"我建立关系和信任，使学习发生在允许犯错和相互学习的环境中"这一心智框架与本书中讨论的其他心智框架之间的紧密联系。以下是两个简单的例子：首先，"我关注学习如何发生，让学生也理解学习"需要建立一种学习文化，在这种文化中错误是受欢迎的，是学习过程中的必要部分，而这离不开完好的师生关系。其次，"我给予学生反馈并帮助他们理解，我解读学生的反馈并以此作为行动依据"展示了学习者和教师之间互动的高度复杂性，也展示了如何能够通过反馈加强师生关系。因此，在这方面，留意这本书的其他章节也很重要。

与许多心智框架一样，发展积极关系是达到目的的一种手段——在有挑战性的情境中，它们构成了一种可使用的资源。当学生不知道下一步要做什么时，当他们犯错时，或者当他们感到困惑的时候，师生之间和同伴之间建立起来的信任的力量会带来真正的回报。当有很强的积极关系时，没有人会对犯了错的学生说"又犯傻了"，或者对错误报以嘲笑或者幸灾乐祸。积极的关系会让你有信心去迎接挑战，尝试困难的任务，建立自信和付出努力。

140

检查单

下次备课时反思以下几个问题：

- 估量你对学生的期望。
- 避免消极归因。
- 尽量对学生的学习过程保持开放和积极的态度。
- 记得每个人都有学习的能力，即使在看似无望的情况下。
- 当你看到你的学生在努力时，对他们的努力和成就表示欣赏。
- 斟酌你的语言，在表达时向学生释放一种信号：只要他们努力就能达到目标。"还没有"比"不"要好。
- 在课堂上给幽默和快乐留出空间，与学生一起欢笑。
- 成为一个榜样，利用变色龙效应。
- 确保你的行为有利于保持你的可信度。通过解释你所做决定的原因来保持诚实和公正。

练习

- 回到本章开头，用不同颜色的笔填写自我反思问卷。你对那些陈述的看法发生了什么改变？而且最重要的是，为什么发生了改变？与同事讨论你的自我评估。

- 规划你的下一节课，加入对学生成就表示欣赏的环节。在规划这个环节时，请参考检查单。与同事讨论你的计划和课堂。

- 在下一节课中，就学校或教学开个玩笑或做出幽默的评论，并试着判断这对学习者有什么影响。和同事一起反思你的经历。

第十章 我关注学习如何发生，让学生也理解学习

自我反思问卷

通过对以下陈述的同意程度来进行自我评估：1= 非常不同意，5= 非常同意。

我很擅长……

识别学生的优势和劣势。

判断我的学生掌握哪些先前知识。

我非常清楚……

需要考虑学生的先前经历。

我的学生处于哪个成就水平。

我的目标总是……

考虑到学生的优势和劣势。

在教学时考虑到学生的先前知识。

我完全相信……

了解学生的优势和劣势非常重要。

我在教学时应该考虑到学生的先前知识。

短文

一位 1 年级学生的生活：维多利亚（Victoria）喜欢上学。她想要学习读、写、算。她上了很长时间的学前班，做了许多描画、上色和数数，来为学习这些技能做准备。今天是她第一天来学校，她终于和大孩子们在一起了。她在头几周需要做些什么呢？描画、上色和数数。她问老师为什么她必须再做一次在学前班里做过的事情，而她收到的答案并不能让她满意："因为我们都是从头开始的。"

这一章讲的是什么？

这则短文阐述了本章的主要信息：我们学习某些东西时并不是从头开始的。我们是带着先前的技能、倾向和动机来学习的。学习是主动的、自我导向的过程——但是成功并不仅取决于学习者，很大程度上也取决于教师，他们可以决定学习者应该独自学习、与他人合作学习，还是在专家的协助下学习。从这一角度看，了解学生的初始学习水平并愿意将其作为教学思维和行动的起点，也许可以被视为成功教学的前提，因此也可以被视为成功学习的前提。

当你读完这一章以后，你应该能够用这一信息解释：

- "皮亚杰项目""先前成就""个性"和"绘制概念图"等因素有多重要。
- 我们为什么应该沿用"教师"这个词。
- 什么是"阿呆与阿瓜效应"，以及如何应对它。
- "我关注学习如何发生，让学生也理解学习"这一心智框架与"看不见的大猩猩"研究有何关联。
- 认知负荷理论的哪些方面对这个心智框架很重要。
- 为什么谈论学习风格不是很有用。
- 自我概念涉及什么，以及它对成功学习有什么意义。

"可见的学习"的哪些因素支持这一心智框架？

至少自心理学的认知转向以来，我们应该从学习出发，而不是从教学出发，这样的建议已经成了至理名言。但这句话的实际意义并不是非常清晰。大多数教师都同意这一原则，但他们也常常不确定这对他们的教学究竟意味着什么。

从历史的视角来看，或者说追溯其源头，也许会有所帮助。在上个世纪，教学和学习的理论长期被行为主义所主导。这种思路的主要观点是，当有人给予合适的刺激时，学习总是会发生，这也就是教学的任务。这个想法源于大量的动物实验，其中最著名的是"巴甫洛夫的狗"。伊万·巴甫洛夫（Ivan Pavlov）在一项实验中证明，他可以让狗在听到铃声的时候像看到食物时一样产生口水。他在先前对狗进行了长时间的调教，每次响铃后就展示食物——该方法的评论者此后坚持认为，他们在下课铃响后的学生当中也观察到了这种现象。对行为主义的主要反对意见是，它没有考虑到学习中发生的认知过程。这不仅是因为行为主义鼎盛时期在方法论上的局限——它将学习视为一个被动的过程，而且是因为从行为主义者的角度来看，外部刺激是最为重要的。教师需要做的就是选择正确的刺激因素来使学习发生。因此，从榜样身上学习之类的方法在行为主义中发挥着特殊作用——我们不应该忘记我们每天以这种方法学到多少东西。

在那之后，研究人员开始更加集中精力于"黑匣子"中发生的事情，并且设计实验以弄清学习者头脑中发生的事情——认知主义诞生了。让·皮亚杰（Jean Piaget）以这种范式进行了开创性研究，其中大部分是基于对他的孩子的实验观察。皮亚杰提出，由于认知结构的差异，刺激会导致各种不同的反应，而认知结构是随时间而发展的：学习者要么尝试使刺激与现有的认知结构相一致，以将刺激同化（assimilate）；要么尝试使现有的认知结构与刺激相一致，以使其顺应（accommodate）刺激。当新的刺激与当前持有的想法不一致时就会导致失衡（disequilibrium）——这是成功学习发生的重要时刻。这使学习成为一个主要以信息处理为基础的主动过程。因此，教师需要了解学习者现有的认知结构，以对他们施加影响。

之后的建构主义思潮进一步推进了认知主义者的工作。这里不再详述建构主义的发展。接下来，我们只谈一下这个理论对于理解"我关注学习如何发生，让学生也理解学习"这一心智框架非常重要的几个核心方面：建构主义比认知主义投入了更多努力去研究"黑匣子"，尝试弄清楚人在学习时头脑中发生了什么。但是，在很多情况下，它证明了人们如何接收和处理信息是无法预测的。想一下保罗·瓦兹拉威克（Paul Watzlawick）这个著名的例子。他问：悲观主义者说杯子是半空的，乐观主义者说杯子是半满的，谁是对的？这是不同的现实。尽管如此，建构主义强调学习是一个主动的过程，可以被个人控制，这也意味着，教师需要了解学生的初始学习水平，以对他们的需求做出充分反应。

正如这个简短的概述所表明的，不同的教学和学习理论赋予学生和教师不同的角色。当前的话语通常给人一种印象：建构主义肯定是正确的，因为它是历史上最后出现的教与学理论。然而，认知主义甚至行为主义仍然是当今重要的教与学理论。我们甚至从前面谈及的事实中就可以看到这一点——人从榜样身上学到很多，这不仅发生在儿童期，甚至在成年期也是如此。归根结底，重要的是如何将不同的教与学理论组织成一个连贯一致的系统。在这项工作中，非常重要的是识别这些理论看待犯错的方式有何不同：行为主义的目的是预防犯错，认知主义和建构主义则将犯错视为必要的，甚至是可取的。学习意味着犯错，而错误使学习可见。

对于"可见的学习"的研究结果，也应该在这些教与学理论演进的背景下进行观察和解读。许多因素都说明了"我关注学习如何发生，让学生也理解学习"这一心智框架的含义。

皮亚杰项目

"皮亚杰项目"的效应量达到了 1.28，是"可见的学习"中影响最大的因素之一（见图 10.1）。让·皮亚杰做出的许多贡献之一，就是提出在成长过程中，儿童的思维和认知加工方式会发生变化。在发育成熟、社会和自然环境的影响下，他们的思维有了质的发展，经历了几个连续的阶段。他描述了四个阶段：感知运动阶段、前运算阶段、具体运算阶段和形式运算阶段。在第一个阶段（大约 0—2 岁），儿童对世界是完全自我中心的，无法将思维与行为区分开来，也无法认识到对物体的视角会根据其相对于物体的位置而有所不同。儿童在 2—7 岁处于前运算阶段，在该阶段牢固地确立了客体恒常性（object permanence），同时儿童的符号思维在发展。要进入下一个阶段，即具体运算阶段（7—11 岁），儿童需要能够进行皮亚杰所说的"运算"，这是指个体能够操纵、转化物体，以及把物体还原至原始状态的内化心理行为。儿童理解守恒的原则，即物体的数量不会因为其形状或容器体积的变化而发生改变。这个阶段的另一个特征是儿童开始运用逻辑，这可以从实验任务中看出来，即将一个物体藏在 A 地或 B 地，儿童能够判断出如果物体在 A 地，那就不在 B 地。最后一个阶段是 11—16 岁，形式运算阶段，其特征是抽象思维和假设思维。

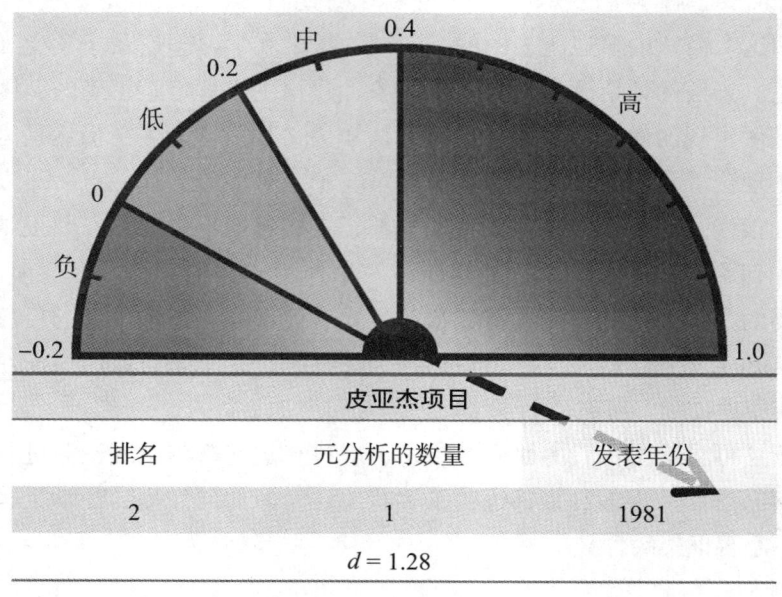

图 10.1 皮亚杰项目

数据来源：Hattie & Zierer（2017）。

重要的是要记住，皮亚杰认为，跨阶段的发展是通过失衡发生的。也就是说，学习者开始意识到，自己的所思所为与他们尝试同化到自己思维的东西是不协调的——这里涉及积极看待错误和误解的心智框架。它们是成长的本质。波顿和哈蒂（Bolton & Hattie, in review）绘制了 0—20 岁大脑的生理变化和自我调节的发展图，自我调节方式的主要变化几乎完全与皮亚杰的四个阶段有关。自我调节与抑制注意力涣散、提高和监控工作记忆表现，以及切换任务或心理状态的能力有关。

我们并不是在建议采取相匹配的教学过程，即教学聚焦于支持儿童当前的思维方式（实际上也很难找到足够的证据来证明这种匹配是有效的［Adey & Shayer，2013］），有很多证据支持那些最大限度提高儿童认知发展速度的项目。

例如，夏尔和阿迪（Shayer & Adey，1981）基于认知发展可以加速的假设，开发了一系列认知加速项目。其模型基于三个主要理念：首先，心智在应对挑战或失衡时获得发展，因此干预必须提供一些认知冲突；其次，心智需要有更强的能力去意识和控制其思维过程，因此干预必须鼓励学生的元认知；最后，认知发展是一个社会性过程，可以通过刻意组织的、高质量的同伴讨论促进这一过程。他们的项目聚焦于学习以及它是如何发展的，因而取得了巨大的成功，这值得我们更深入的研究（Adey，Shayer，& Yates，2001；Shayer & Adey，1993；Shayer，1999）。

先前成就

148

"先前成就"这一因素也指向相似的方向，在"可见的学习"中同样有很高的效应量，$d = 0.65$（见图 10.2）。一些仍有争议的研究调查了先前的学业成功对未来持续成功的重要性。基于先前成就的预测通常十分准确，这不会让人很惊讶。在这方面，一项特别著名的研究是沃尔特·米歇尔（Walter Mischel）在 20世纪 70 年代进行的"棉花糖实验"。这个研究包含一项任务，学龄前儿童可以

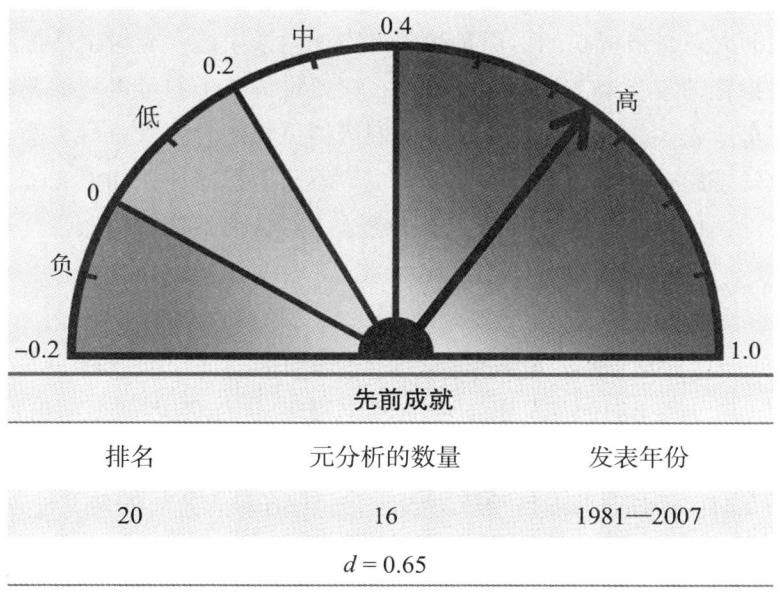

排名	元分析的数量	发表年份
20	16	1981—2007
	$d = 0.65$	

图 10.2　先前成就

数据来源：Hattie & Zierer（2017）。

选择在房间里等待 15 分钟以得到理想的奖励（两颗棉花糖），或者在任何时候决定不再等待并接受不那么理想的奖励，只有一颗棉花糖（参见 Mischel，2014；进一步讨论，参见 Hattie & Yates，2015，p.234）。只有极少数的学龄前儿童有等待的能力，而纵向研究证明这些能够等待的孩子在随后的教育和职业道路上取得了更大的成功。直到今天，从这项研究中得出的结论依然是，一些人在早期的社会化中更为成功，构成成功的许多因素在童年早期就已经确定了。这种解释是错误的，并且误解了棉花糖实验背后的主要思想和"我关注学习如何发生，让学生也理解学习"这一心智框架。首先，实验结果不支持此前很普遍的假设：抵制诱惑以获得更有价值的奖励的能力可以带来成功。相反，它证明了另一种能力的有效性：在分配任务后，研究者观察到一些学龄前儿童开始转移注意力——无论是有意识地，还是无意识地，他们不再关注他们随时可以享用的一颗棉花糖的奖励，而是聚焦于他们正在玩耍的玩具飞机、汽车或轮船。

孩子们玩耍的时间过得很快，15 分钟后，他们就收到了两颗棉花糖。这包含了"我关注学习如何发生，让学生也理解学习"这一心智框架的主要思想。人们不仅在知识和能力上有所不同，在意志力和判断力、愿望、兴趣和需求方面也存在差异，所以在集中注意力方面也存在差异。这里的启示不是那些拥有最佳天赋的人总是最成功的，而是教师有责任向学生提供应对生活挑战的必要支持。在棉花糖实验中，这很容易做到：只要告诉孩子们可以把棉花糖想象成飞机、汽车或轮船，通常也足以帮助他们等待更长的时间来获得奖励。尽管先前成就无疑是影响学习的重要因素，但也绝不是必然的——如果老师从中得出错误的结论，也许会变成必然的。要留意这一点，但不能简单地将其视为理所当然。

个性

尽管"个性"这个因素在"可见的学习"中的效应量仅为 0.13（见图 10.3），但它对于可见的学习和成功的教学仍然很重要。这主要是因为"个性"包含很多方面，并且有些人格特质更为关键。现在最为常见的是五种主要因素，即"大五人格特质"，它们构成了个性的主要维度：

- 情感稳定性（neuroticism），或应对负面情绪的能力。
- 外倾性（extraversion），或参与人际互动的能力。

■ 经验开放性（openness to experience），或寻求新经验的能力。

■ 尽责性（conscientiousness），或以克制的、有目的的和精确的方式行事的能力。

■ 宜人性（agreeableness），或合作能力和同理心。

　　尽管大五人格特质在许多情况下具有预测力，但对于成功学习而言，它们的作用并不显著——除了尽责性以外。这似乎是学习者取得学术成功的关键品质之一。在这种背景下，教师促进学习的主要任务之一就是观察学生在总体上参与学习任务的方式，尤其是他们的尽责程度。

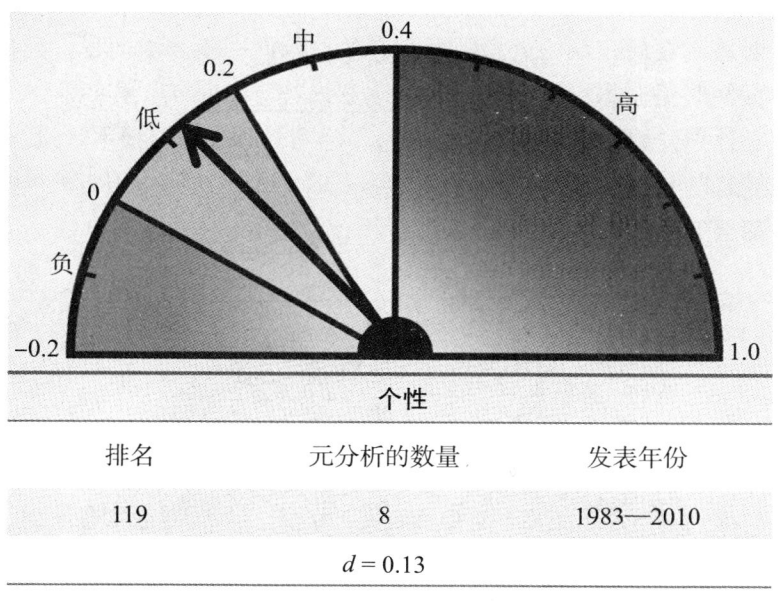

图 10.3　个性

数据来源：Hattie & Zierer（2017）。

　　有一种流行趋势认为尽责性是"毅力"（也可以包括韧性）。与所有人格变量一样，过分笼统地说一个人有"毅力"或"尽责"是不正确的，因为这取决于任务和情境。我们希望看到这种技能被用在紧张的情境中，当学生犯了错，但仍有一定的可能性把错误纠正过来的时候，学生能够坚持完成任务，或者当过度学习是可取的时候。我们不想开发"毅力"，然后依靠"毅力"去上课，因为我们希望这项技能是在正确的时间、为了正确的目标而使用的。更重要的是，知道应该在何时、为了什么目的而尽责。

绘制概念图

在备课过程中，有许多方法可以把学习者及其初始学习水平考虑在内。这些方法都有很高的效应量。举例而言，"绘制概念图"这个因素在"可见的学习"中的效应量为 0.60（见图 10.4）——只要我们与学生一起开发或共同构建概念图（而不只是给他们一个概念图）。这种方法本质上是总结学生在特定领域的知识并将其结构化。这为学生提供了有关过去什么是有效的，以及他们可以如何塑造和支持他们未来的学习过程的信息。关于这个因素的元分析结果表明，在初次接触新主题后，绘制概念图最为有效。因此，就教学而言，它接近于表层理解，但同时是向深层理解的过渡。这意味着对先前知识和经验的评估不仅在新的教学计划开始时很重要，而且在整个学习过程中也需要不断进行。因此，"我关注学习如何发生，让学生也理解学习"是一个对所有学习者——从新手到专家——都至关重要的心智框架。

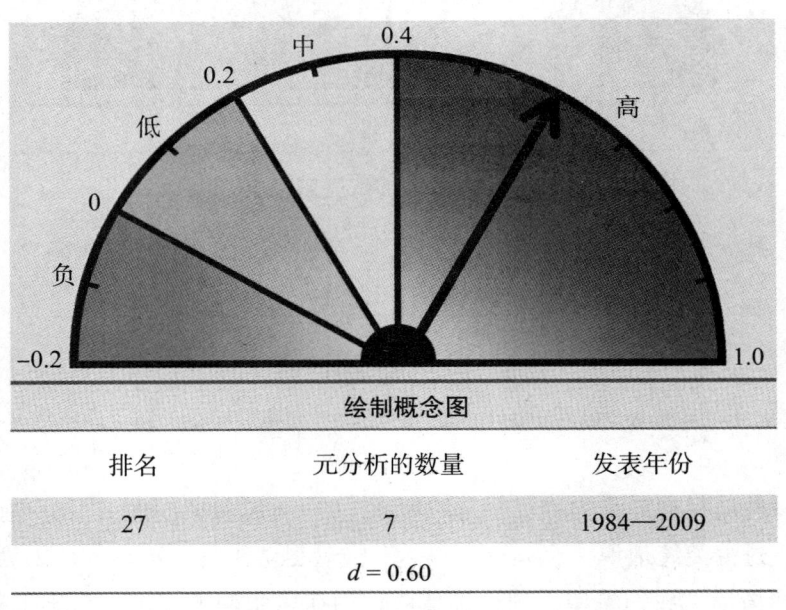

排名	元分析的数量	发表年份
27	7	1984—2009

$$d = 0.60$$

图 10.4 绘制概念图

数据来源：Hattie & Zierer（2017）。

学习促进者、学习教练、学习顾问？不，是教师

回顾过去，毫不奇怪的是，许多教育家对由建构主义引发的范式转变充满热情。许多人以学习理念的转变为契机，想出了很多词语来描述教师在课堂上的新角色。"学习促进者"（learning facilitator）和"学习教练"（learning coach）只是在这种背景下的一部分提议。问题在于，教师开始认为自己的角色就是站在学生旁边（身边的向导），而不是给予反馈和前馈。当遇到挑战时，学生常常会感觉自己的理解力已经到达极限、陷于挑战，因此需要专业支持才能继续前进（进入了维果茨基的"最近发展区"，维果茨基认为学习者处于这个区域时无法在缺乏支持的情况下继续前进）。

阿呆与阿瓜效应

"阿呆与阿瓜效应"（dumb-and-dumber effect）也被称为"达克效应"（Dunning-Kruger effect，全称邓宁 – 克鲁格效应）。戴维·邓宁（David Dunning）和贾斯汀·克鲁格（Justin Kruger）进行了一项实验，他们要求一群大学生在离开考场后评估他们的考试分数（参见 Hattie & Yates，2015，p.224）。结果是成绩不佳的学生高估了他们的分数达 20%，而成绩最好的学生低估了他们的分数达 5%。直白地讲，我们可以得出结论：无能的人无法评估自己的无能。或者我们可以用苏格拉底的表述，从有能力的人的角度说：我只知道自己一无所知。

在学校情境中，这一结果表明，学生并不总是能够准确地评估自己和自己的表现。因此，在这种情况下，每当学生可能会做出不准确的评估时，教师需要保持在场，并在必要时进行干预。这可以让我们联想到开放学习环境，这种环境为不同成就水平设计了不同的学习阶段。当教师向学生解释了这种环境的不同学习阶段以后，通常由学生来选择他们认为最适合的学习阶段。但是，阿呆与阿瓜效应提醒我们，这种处理方式不一定会按预期推进。低成就学生通常会选择太难的任务，而高成就学生会倾向于选择太容易的任务。因此，即使是在开放学习环境中，决定学习是否成功的也是教师的能力和心智框架。教师要根据学生当前所处的位置挑战他们，促使他们走向他们需要达到的位置。这是我们需要培养具有评估能力的学生的另一个原因：让他们能够以可靠的方式了解自己的当前表现（而不是高估或低估）。

"看不见的大猩猩" 研究

克里斯托弗·查布里斯（Christopher Chabris）和丹尼尔·西蒙斯（Daniel Simons）的实验提供了一个类似的例子，说明了当人们对学习者提出过多要求时会发生什么。你可以在他们的网站（theinvisiblegorilla.com）或"油管"（YouTube）上找到该实验的不同版本的视频（参见 Hattie & Yates, 2015, p.271）。大学生观看穿着黑色和白色 T 恤的两组篮球运动员来回传球的视频。学生的任务是计算穿着白色 T 恤的球队的传球次数。视频开始几秒钟后，一个穿成大猩猩样子的人出现在屏幕的右边，穿过球场，在中间短暂停留，然后继续向左走。

令人惊讶的是，只有略高于 40% 的被试看到了大猩猩。对于其余的人来说，大猩猩是隐形的。对这种现象的解释是，测试对象承受着很高的心理负荷，因为他们非常专注于数传球次数的任务，这导致他们忽略了场景中许多其他方面。

这对学校和教学的启示是，留意学生的初始学习水平并检查学习过程的教学设计是否会导致不必要的负担，这一点很重要。因此，其目标也是使学习成为教学的焦点。有时，我们深陷于任务，以至于忘记了初心，忘记了我们或许可以通过寻求帮助来完成任务。

认知负荷理论及其对教学的启示

当学习者选择了过于困难的任务或学习环境设计不当时，会发生什么？换言之，当学习者的心理压力过高时会发生什么？保罗·钱德勒（Paul Chandler）和约翰·斯威勒（John Sweller）提出的认知负荷理论回答了这些问题（参见 Kiel et al., 2014, p. 86）。他们继承了认知主义和皮亚杰的观点，假定学习过程会形成与现有图式相联系的新图式。这总是涉及工作记忆的三种类型的认知负荷：内在负荷、外在负荷和关联负荷。

首先，内在负荷与任务难度和学生的成就水平有关。任务越困难，内在负荷就越大。这意味着学习者的先前经验和知识非常重要。其次，外在负荷通常取决于总体学习环境的呈现和设计，尤其是学习材料。例如，如果学习材料充满了不必要的信息，以令人困惑的方式呈现，并且到处都是交叉引用，外在认知负荷将会更高。最后，关联负荷源于理解学习材料和习得知识的努力。关联负荷与前两种负荷之间的联系是显而易见的：内在负荷和外在负荷越高，关联负荷就越高。这些考虑引出了这样的结论，即教学应尽可能使外在负荷保持在低水平，为图式构建和知识习得留出尽可能多的负荷空间。

因此，认知过载可能有多种原因，并且主要源于两个方面：第一，它可能是由于不准确的自我评估等因素，导致学习者陷入不知所措的状态，我们在讨论"阿呆与阿瓜效应"时已经谈到这种情况。在这种情况下，需要调整的负荷类型是内在负荷。第二，它可能是由于教学方法的滥用，导致学习者陷入不知所措的状态，例如工作表中塞满了各种教学工具，以至于学习目标和学习内容被掩盖了，变成了背景。例如，小学数学课可能会由于"运算树""运算三角形"和"运算轮"的泛滥而陷入混乱。尽管使用这种创新确实体现了某种教学的创造力，但它们常常给受众带来不必要的压力，因此并不比经典方法更好。在这种情况下，需要调整的负荷类型是外在负荷，"看不见的大猩猩"是外在负荷过载的众所周知的示例。

学习风格：教育实证研究的迷思

这是我们最常在学生的研究论文里读到的话，也时不时在文献中看到：学习者能够记住他们所读的 10%，所听的 20%，所见的 30%，所见所闻的 50%，自己所呈现的 70% 以及自己所做的 90%。这些数字乍一看似乎可信，但它们根本没有任何实证基础：没有一项研究为它们提供证据。如果仔细分析，我们将不得不承认，根本不能想象有一项研究可以提供如此明确的证据。即便是最显而易见的反对意见都会让我们怀疑这种说法：这必然取决于学习者读了什么，听了什么，看了什么，见闻了什么，而他们自己呈现了什么以及做了什么。

无独有偶，在教育实证研究中有（或曾经有）一个历史悠久的传统，那就是试图捏造这类的学习记忆数据——回过头看，人们或许会说，学习革命（可能还有赚大钱的前景）显然太过诱人了。

"学习风格匹配"这一因素最初在"可见的学习"中的平均效应量高达 0.41。然而，《可见的学习》对这一因素的讨论，已经对该结果所包括的若干研究提出了异议，这导致了《可见的学习（教师版）》对数据的修正，并排除了三项元分析。结果是一个低得多的效应量，为 0.17。这是一个明显的例子，研究的低质量（不可信的效应量、过小的样本量和统计误差）削弱了看似合理的效应，使其失去了意义。对学习风格持怀疑态度的原因是什么？有什么论证可以反驳关于学习风格的信念？

　　我们没有理由根据学生对自己思维方式的信念对他们进行分类。然而，教师在教学中采用多种方式调动学生的思维策略，是有道理的。我们不会只有一种思维方式，或者说不会只有一种主导的思维方式，最成功的学生更善于根据自己在学习周期中所处的位置选择适当的学习策略——他们有多种学习策略，并且能够根据情况灵活地选择或改变（Hattie & Donoghue，2016）。

　　如果我们想从这个研究传统中勉强得出一个总体信息，我们可能会说：学习的有效性和愉悦性是一致的，让学习变得愉快的最好方法不是确保学习满足特定的条件，而是设计一种学习情境，基于学习者的先前知识和经验，与他们现有的思维联系起来，进而给他们带来挑战。简而言之，当我们学到东西时，我们就会从这种成功中获得一种愉悦的情绪，所以学习能够带来欢乐。投入通常会随之而来，而不一定是在学习成功之前。

自我概念：成功学习的关键

　　如果不讨论成功学习的最有影响力的因素之一"自我概念"，那么关于心智框架"我关注学习如何发生，让学生也理解学习"的这一章将是不完整的。它使我们能够阐明将学习者的先前知识和经验作为教学起点意味着什么。

　　在"可见的学习"中，此因素的效应量为 0.47。自我概念是什么？绳索模型是用来回答这个问题的常见比喻（见图 10.5；参见 Hattie，1992）。

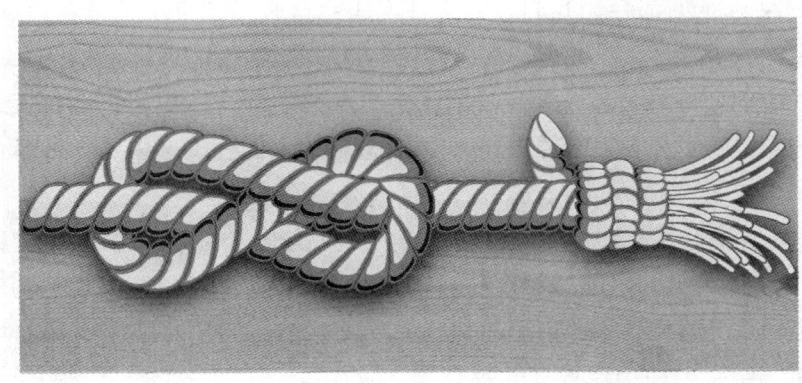

图 10.5　绳索

绳索模型强调，我们的自我概念并不是单独一根纤维，而是由很多重叠的自我概念所构成的绳索。并且，绳索的强度并不取决于任何一根贯穿始终的纤维，而是取决于许多相互缠绕的纤维。这些纤维是指自我概念的各种过程。接下来，我们将更详细地介绍其中两个过程：自我效能感和动机。

关于自我效能感，一些学习者倾向于将成功归因于运气，将失败归因于人格缺陷，这对他们的自我概念产生了负面影响。还有其他一些学习者倾向于将自己的成功归因于努力，并尝试通过告诉自己下次需要付出更多的努力，以解释失败。第一类学习者的自我效能感较低，而第二类学习者的自我效能感较高。从长期来看，自我效能感较高的学习者比自我效能感较低的学习者拥有更高的成功概率，因为他们会寻求挑战，付出努力并且对学习充满热情。也许更重要的是，他们将错误视为机会。

动机的差异对学习有相似的影响：有些学习者之所以学习，是因为他们希望获得奖励（外部动机），而有些学习者是因为对材料感兴趣而学习（内部动机）。正如许多人所认为或从个人经验中了解的那样，动机的差异并没有在学习意愿中表现出来。相反，它们会体现在长期的学习收获和理解的深度上。在这两种情况下，内部动机都优于外部动机。

相应地，教师需要知道他们的学生如何处理与自己有关的信息。这使他们能够建立并提升对完成挑战性任务的自信、面对错误和失败时的毅力，发展与同伴互动的开放性和意愿，以及为走向成功学习的活动投入精力的自豪感。因此，在让学生参与学习之前，重要的是不仅要评估他们的先前知识和经验，而且要对他们的自我概念进行透彻的分析。

我从哪里开始？

时刻关注学生的初始学习水平无疑是教师在日常学校生活中面临的最大挑战之一：困难且费时，甚至常常并不会带来任何新的见解。然而，这是将学习作为教学起点的重要内容。学生们带着什么样的技能、倾向和动机参与任务呢？在学习过程中，理想的成功标准是什么？他们会如何从现在所处的位置到达我们希望他们去到的地方呢？

根据本章提出的想法，许多问题似乎很重要。例如，分析学习风格似乎没有用，因为几乎没有证据表明它们是对学习产生很大影响的因素。此外，有必要仔细地研究学生如何学习的本质，尤其是针对学校科目：学生是否仍在进行具体的思考，还是已经可以操纵概念和建立关系？学生对达到成功标准的自我效能感或信心如何？学生是否有继续学习以取得成功的责任心？

这让我们有一系列的因素可供选择，作为发展"我关注学习如何发生，让学生也理解学习"这一心智框架的起点。这种选择是以证据为基础的，但并不是要穷尽无遗。

发展"我关注学习如何发生，让学生也理解学习"这一心智框架的下一步，是将前面所述的用于评估学生的先前知识和经验的方法整合到你的教学中。在这样做时，请记住以下教育实证研究的发现：在大多数课程中，学生已经知道教师所要讲授的50%的学习材料（Nuthall，2007）。但我们不希望将教学降低为单纯的功利活动，我们必须着眼于承担学校学习的责任——我们需要打破这种学习时间的浪费。至关重要的是，在教学计划开始时评估学生的先前知识和经验，在第一个学习阶段之后可以绘制概念图，并使成功标准在教学计划开始前就对学生清晰可见。

159

检查单

下次备课时反思以下几个问题：

- 考虑单点结构、多点结构、关联和抽象拓展水平。
- 关注学习者的自我效能感。
- 尝试评估学生的动机。
- 了解学生如何在有挑战性的情境中参与任务，尤其是他们的尽责性。
- 通过避免非结构化的课堂，比如不清晰的任务、令人困惑的工作表和板书，来防止认知过载。
- 在课堂的所有阶段都应格外注意，避免将挑战水平设置得太高或太低，尤其是涉及学生的独立活动时。如果观察到这种情况，请谨慎地进行干预。

练习

- 回到本章开头，用不同颜色的笔填写自我反思问卷。你对那些陈述的看法发生了什么改变？而且最重要的是，为什么发生了改变？与同事讨论你的自我评估。

- 分析学生在成就、自我效能感、动机和尽责性等方面的初始学习水平。与熟悉你的班级的同事讨论你的分析。

- 在规划下一堂课和制作概念图时，请运用你对学生初始学习水平的分析。与同事讨论你的计划以及如何执行该计划。

第十一章　可见的学习：一个愿景

泰勒·斯威夫特（Taylor Swift）的模仿者，或者如何激发学习热情

我于 2015 年 3 月拜访了布鲁塞尔的国际德语学校。在非常令人兴奋和愉快的一连串教育课程之后，我在飞往慕尼黑之前还有几个小时可以打发。我决定去市中心，观察一下人们，享受一下春天的阳光。我坐在歌剧院前面的长凳上。不久，三个女孩引起了我的注意，我观察到了以下现象，这给我留下了持久的印象：三个女孩年龄介乎 13—15 岁之间，她们在尝试模仿泰勒·斯威夫特在她的歌曲《通通甩掉》（Shake It Off）的音乐视频中表演的舞蹈动作。我看到这三个女孩如何表现自己，一次又一次地尝试跟着歌曲舞蹈，如何激烈地讨论和练习这些动作，互相模仿和纠正，并且将错误作为机会，重要的是，她们这样做时那么开心，这深深地触动了我。在这些时刻，学习是可见的。我看着她们，一个小时很快过去了。我动身去机场时，三个女孩还在继续练习。我问自己：为什么学校不能这样？

这次观察的关键不是这三个女孩做了什么。更令人印象深刻的是她们如何以及为什么做。这使我们回到了本书的主要信息：成功不仅取决于能力，还取决于心智框架；相比于我们做了什么，更重要的是我们如何思考我们所做的事情。尽管不能否认能力的重要性，但是如果缺乏相应的心智框架，能力通常会难以显露，或仅以有限的形式展现出来。

过去我们经常引用一句话，我们认为它很好地概括了使学校和教学取得成功所需的一切。它来自有史以来最成功的篮球运动员之一迈克尔·乔丹（Michael Jordan）的一则商业广告，可以在"油管"上看到。我们希望以这句话作为本书结论的主题："我在职业生涯中投丢了 9000 多个球，输了将近 300 场比赛。有 26 次，我被寄予拿下决胜一球的希望却失手了。我一生中一次又一次地失败，这就是我成功的原因。"

向自然学习：网络模型

关于成功教学的书籍很多。希尔伯特·迈尔（Hilbert Meyer，2013）的《什么是好的教学》（*Was ist guter Unterricht？*）和安德烈亚斯·赫尔姆克（Andreas Helmke，2010）的《教学质量与教师专业性：诊断、评估和改进教学》（*Unterrichtsqualität und Lehrerprofessionalität：Diagnose, Evaluation und Verbesserung des Unterrichts*），这两本书在过去几年中丰富了这个领域的德语教学法和教育文献，无疑都属于该领域的经典。也有许多同样深刻的英语书籍，例如托马斯·古德和杰里·布罗菲（Thomas Good & Jere Brophy，2007）的《注视课堂》（*Looking in Classrooms*）和杰夫·佩蒂（Geoff Petty，2014）的《基于证据的教学》（*Evidence Based Teaching*），它们概括了良好教学的许多标准或特征。在我们的书中，我们也概括出了十个心智框架。

如果有人假设迈尔（Meyer，2013）、赫尔姆克（Helmke，2010）、古德和布罗菲（Good & Brophy，2007）或佩蒂（Petty，2014）所描述的标准可以排列成一份有先后顺序的清单，可以逐项处理和添加到个人的技能库中，那么本书其实对教育专长有不同的理解。尽管这些作者提供的要点、技巧和策略远多于十个，但他们也形成了一种高阶思维的视角。在成为教育专家的道路上，重点不在于做到清单上的所有事情——许多人在阅读《可见的学习》时犯了这个错误，只关注排名靠前的因素，而不关注排名靠后的因素。相反，我们在本书中提出的想法构成了一个完整的整体、一种世界观，我们想在描述良好教学的特征时从你脑中浮现出一个网络的图像：我们充分意识到，这个图像能够降低当前问题的复杂性，但也会使某些方面变得模糊。不过，一图胜千言，图片还是可以帮助你澄清本书中涉及的问题。因此，我们不是在书的开头展示它，而是在书的末尾——在此时，你作为读者也一定已经在各个章节里下功夫理解过这些联系（见图 11.1）。

162

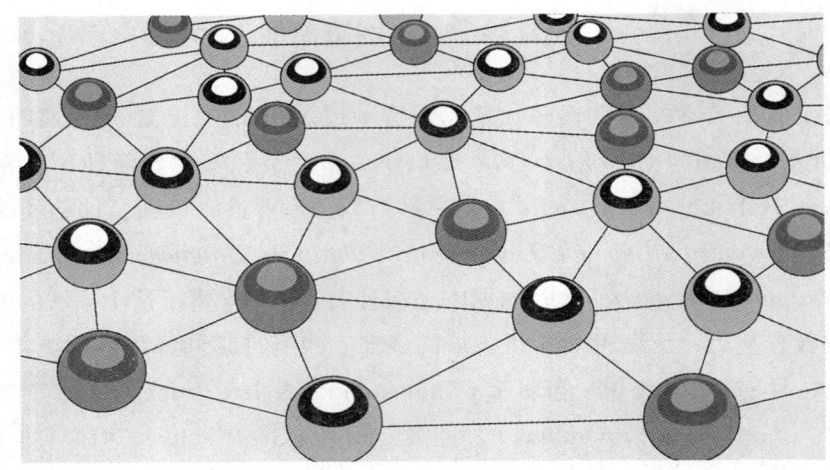

图 11.1　网络模型 1

通常，网以其出色的耐用性和能够通过整体强度来弥补薄弱点的特性而闻名——只需用极少的材料即可做到。蜘蛛网在其连接性方面特别有趣。研究人员最近发现，所有网络结构中最牢固的一些是由蜘蛛创造的。因此，蜘蛛网现在已在许多不同领域中作为人造网的模型（见图 11.2）（Cranford et al., 2012）。

蜘蛛网的秘密是什么？蜘蛛网的强度取决于两个因素：首先，取决于丝的性质。如果丝具有弹性并且抗断裂，它们就能构成牢固的网。其次，蜘蛛网的强度取决于结构。丝和开口的分布及布置会影响网的稳定性。当这两个因素融合在一起时，它们会相互增强影响力并平衡彼此的弱点——即使一阵风将网撕开一个洞，它仍能保持稳定，或恢复到稳定状态。蜘蛛网的这一特性对蜘蛛至关重要，因为补一个洞所需的时间和精力比编织一个新网所需的少。

如果我们将此模型应用于本书及其包含的思想，那么十个心智框架就是构成网的丝：它们越强大，对教师的思维和行为的影响就越大。同时，它们彼此之间有一种互相增益的关系。如果这种关系松散，它们将缺乏一致性——这些心智框架将更像是拼凑而成的，而不是一个统一的整体。反过来，如果它们相互支持和加强，那么这些心智框架将形成一个连贯的结构，进而形成一个稳定的网络。再次强调，整体大于各个部分之和。

163

图 11.2　网络模型 2

因此，每个心智框架都与其他的心智框架相关，每个心智框架都是其他心智框架的结果，每个心智框架之间都是一种互相增益的关系，每个心智框架都互相支持和加强。这些要求很高，因为必须考虑到所有的心智框架。但是，这也能带来教育情境中必要的连贯性：它本质上是一个在不确定的、不可预测的并且往往是二分的情境下，关于逻辑、合理、一致的思维和行动的问题。因此，本书中所讨论的心智框架不应被理解为个体特征，即某些人出生时就拥有的天赋。相反，这些心智框架是教育专业性的一种表达，它们可以被教授和学习，它们构成了高影响力的教师在忙碌、喧闹且充实的教室中思考和做出即时决策与判断的基础。

164

可见的教学：制定可见的课堂计划

尽管不可能对教育和教学的每个方面都做出计划，并且教育过程中总有不确定的时刻，但教师也不能不备课——即使不把它写下来。一个常见的反对意见是，我们不知道课堂计划是否真的能帮助学生更成功地学习。这导致备课过程本身受到质疑，导致教师被要求更关注学习而不是教学。但是无论以什么形式，备课都是至关重要的。至少你要知道，你希望在一堂课或系列课程中对学生施加什么样的影响，这是成功备课的核心要素。我们将这种"影响"称为成功标准，教师需要基于学生已经知道和现在知道的事情，调整成功标准，并监控所有学生在这一基础上朝着成功标准努力的进度——这就是心智框架发挥作用的时候——依靠专家（教师，偶尔也可能是学生）的思维和判断来了解每个学生在通往成功的学习周期中所处的位置，进行调整并采取不同的教学方法——这就是教学的艺术与科学的核心。

良好的计划使教学更有可能引发学习。这可以用"目标"这一因素来说明：教师对目标（首先是对自己的目标，然后是对学生的目标）越清晰，学习取得成功的可能性就越大；教师越是根据学生已经知道并且可以做的事情来调整目标，学习取得成功的可能性就越大；这些目标越是被学生分享和理解，教师和学生朝这些目标努力的可能性就越大；教师越是能够与学生达成对目标的共同理解，学习就越是可能取得成功和带来乐趣。仅此就足以说明备课的重要性。

计划对于学校或教育系统的领导者而言同样重要。了解当前情况，做出出色的诊断，阐明成功标准，然后选择高成功率的干预措施，不断评估从当前状态到理想成功标准的进步，并经常感受到这一旅程将要取得成功的气息，这些都是良好教学和系统发展的本质。

"可见的学习"研究得出的主要信息是，各项影响因素反映的是已经发生的事情，并且应该被视为概率性陈述。研究是关于过去的——它总结了已经发生的事情。就像开车一样，为了更好地前进，值得持续地关注自己身后的事物。同样，使用经过系统证明有效的想法和方法也是值得的。如果你采用一种高成功率的方法，那么就有更高的可能性取得很好的效果。选择高成功率的影响因素是明智的。但关键是下一步——"认识你的影响力"：当你引入这些高成功率的干预措施时，对你的班级或学校有什么影响？

这引出了三个核心问题：影响是什么？我们怎么知道我们正在产生影响？多大的影响才是足够的？"什么是影响"通常没有单一的答案，我们认为"影响"可以是学业成就的提升、对学校和班级的归属感、继续投入学习的渴望、对内容知识的积极态度、与他人一起探索我们的所知所为的意愿、对我们所学的好奇心和批判性思维，还可以是对自我和他人的尊重、迎接挑战的自信。我们可以从很多方面入手评价我们所说的影响，比如评价学习的倾向和动机，观察和倾听学生的出声思考，使用考试分数来考察成长和成就，让同事观察你对学生的影响，以及探讨学生所创造的作品。要评价影响的大小，我们可以与同事一起评价并相互比对，参照成长和成就的常模标准，通过访谈或倾听来了解学生对学校和班级的归属感，评估学生作品在一段时间里的进步或者参照一致认同的量规，通过评估来对我们关于影响的信念进行三角互证，最重要的是，让学生有机会了解这种影响，并检验他们对成长的判断和你是否一致。对于每个问题，没有单一的答案——这需要一系列的三角互证，你与学生和同事一起检验你的想法，因此，"所有人都能学习"这种集体效能感很重要也很有力量，只要我们用影响力的证据回馈这种效能感。

在许多方面，我们的论证建立在大多数人进入教育行业的动机之上：对学生的学习生活产生积极影响。"我评价自己对学生学习的影响力"这个核心的心智框架正是强调了这一点。这可以通过"我运用评估结果指导下一步行动"和"我与同事和学生合作，确定什么是进步和影响力"的心智框架来实现。我们必须相信，我们可以改变和改善学生的学习生活。我们必须努力应对这一挑战，在学生身上看到他们自己没有意识到的潜力，我们需要教会学生倾听并接受我们的反馈意见，我们自己也要倾听并接收有关我们影响的反馈。这要求我们倾听和参与有关学习的对话，了解和尊重学生，并告知他们有适度挑战性的成功标准，对学习周期有深入的理解。所有这一切都是建立在高度信任和良好关系上的，这样学生能够在你所在的环境中安全地学习。这些同样适用于那些坐在办公室里的学校领导者和系统领导者。

我们对未来学校的愿景

然而，我们的愿景与层出不穷的教育系统改革计划没有太大关系。改革者经常提出更多的资源、更多的自治权、更多的国际竞争、更好的比较研究、更多的统计数据、创新技术等等，这些都被视为变革学校和教学的稳操胜券的方法。但是这些措施不会导致一场变革（Hattie，2015）。引发变革的不是计划，不是数字，也不是事实。人们是依靠其愿景、信念和梦想来发动变革的。

教育者不断提出针锋相对的异议，声称是 x 或 y 真正地产生了效果，比如问责制、更高的标准、不同的学校类型。警惕那些带着解决方案的教育者。教育充满了战略、计划、法则和使命宣言。马丁·路德·金没有宣称"我有一个战略"或"我有一个计划"；相反，他说的是"我有一个梦想"。

167

我们也有一个梦想，那就是激发学习的热情，建立这样一个教育系统：它看重的是让所有学生都来学习，产生归属感，并且愿意不断投入自己的学习。

我们梦想有一天，我们的教育系统能够让每个学生都尊重自我和尊重他人，让每个学生在求学之路上都有与他人合作的敏感性——无论是白人、黑人、西班牙裔、原住民、难民、学习困难者、天赋出众者，或者其他人。

我们梦想有一天，教育系统中每个人都想提高，都想追求卓越，都想理解进步，并且在不知所措时知道怎么做。

我们梦想有一天，教师和学校领导者能够得到足够的尊重和重视，无论是在社会声誉还是在薪酬上。他们将自己视为学生学习的变革驱动者，我们也这样看待他们——由此展现出，我们在学校的行为准则和对学校的信念能够为社会带来真正的改变。在民主社会中，最伟大的教化机构无疑就是我们的学校。

我们梦想有一天，学生被教导要有信心去接受挑战，去说"这很难，我想尝试"，而不是"这很难，我做不到"。

我们梦想有一天，可以甩掉那些无效的东西，甩掉那些我们尝试灌输到孩子脑子里的东西，以一种有趣和愉悦的方式在表层学习到深层学习，再到迁移学习的过程中寻找平衡——这意味着我们的学生会有归属感，愿意回到课堂来学习更多。

1. 教育的目的：

- 我们希望所有学生学习宝贵的、生产性的知识，去批判、重组、破坏和庆祝这些知识，学习在学校以外无法学到的东西。教育的目的绝不只是满足儿童的需求，这是多么微不足道的愿望，让孩子们留在原地——让富人的孩子住在城堡，让穷人的儿女守在门口。教育的目的不应该只是帮助学生实现他们的潜能，对很多孩子而言，这也是一个微不足道的愿望，而且会挫伤学校教育的宗旨。教育的主要目的是帮助学生超越他们自以为拥有的潜力。看到学生自己可能看不到的东西，并使他们充满学习的热情。

2. 我们正在实现我们的梦想：

- 但是，我们正在实现自己的梦想——因为我们身边有那么多的成功例子。马丁·路德·金说，他的人民仍然没有自由。但我们不一样，我们社会的年轻人、那些来到我们这片土地（来到有良好教育系统的国家求

168

学）的年轻人有机会进入一个有很多卓越之处的教育系统。

▦ 我们有一些卓越的教师和学校会去教孩子们如何兑现"生命、自由和追求幸福的权利"的支票，尽管他们仍然是孩子。

▦ 我们的职责是找到希望的避风港，并邀请其他学校和教师都来到这样的港湾里。

▦ 我们看到了证据，如此多的学生有幸与这些卓越的教师在一起并且实现了梦想。我们看到了这样一些卓越的教师：他们分享对知识的热情；他们更看重能带来高成就的进步；他们能够在表层学习与深层学习之间游刃有余；他们深知如何改善学生的学习生活；他们有高度的社会敏感性，知道如何与同事互动，以磨炼、增进、分享和享受他们的教育专长，进而对他们的学生产生深远的影响。

3. 我们有很多事要做：

▦ 但是，我们还有很多事要做。我们的教育系统经常仍然是盲目乐观的，并不能让所有人变得卓越。这个系统仍然有太多恶性循环的不平等，太多缺陷思维，对教育专长的信任太少，太多异想天开的探索，却对真正宝贵的东西缺乏追求。

▦ 但是，卓越就在我们身边——我们是否足够硬气、足够勇敢，脚踏实地地找到那些给学生的学习生活带来重大改变的学校、领导者和教师，围绕这些教育者组建成功联盟，然后在学校内部和学校之间支持这个合作共同体？

▦ 有许多学校——"可见的学习"学校和其他学校，每天都在经历这种成功，它们正在实现我们的梦想。

▦ 这是我们希望子孙后代以及每个孩子都可以经历的教育梦想。认识你的影响力，激发学习，让我们所有人都实现梦想。

参考文献

Adey, P., & Shayer, M.(2013). Piagetian approaches. In J.A.C. Hattie & E. Anderman (eds.). *Handbook on student achievement*. New York: Routledge.

Adey, P., Shayer, M., & Yates, C. (2001). *Thinking science:The curriculum materials of the CASE project* (3rd ed). London: Nelson Thornes.

Alexander, R. J., & Armstrong, M. (2010). *Children, their world, their education: Final report and recommendations of the Cambridge Primary Review*. New York: Taylor & Francis.

Aristotle, U. (2004). *Rhetoric*.Whitefish, MT: Kessinger Publishing.

Berliner, D. C. (1988). *The development of expertise in pedagogy*. Washington, DC: AACTE Publications.

Biggs, J., & Collis, K. (1982). *Evaluating the quality of learning:The SOLO taxonomy*. New York: Academic Press.

Bloom, B. (1984). *Taxonomy of educational objectives (1956)*. New York: Pearson Education.

Bollnow, O. F. (2001). Die pädagogische Atmosphäre. Untersuchungen über die gefühlsmäßigen zwischenmenschlichen Voraussetzungen der Erziehung. Essen: Die blaue Eule 2001 (1968).

Bolton, S., & Hattie, J. A. C. (in review). *Development of the brain, executive functioning and Piaget*.

Brookhart, S. M. (2017). *How to give effective feedback to your students*. Alexandria,VA: ASCD.

Brophy, J. E. (1999). *Teaching* (pp. 8–9). NewYork: International Academy of Education and the International Bureau of Education.

Buber, M. (1958). *Ich und Du*. Heidelberg: Lambert Schneider.

Clinton, J., Cairns, K., Mclaren, P., & Simpson, S. (2014). Evaluation of the Victorian Deaf Education Institute Real-Time Captioning Pilot Program, Final Report – August 2014. The University of Melbourne: Centre for Program Evaluation.

Coe, R. (2012). Effect size. In Arthur, J., Waring, M., Coe, R. & Hedges, L.V. (eds). *Research methods and methodologies in education*, Thousand Oaks, CA: Sage Publishing, 368–377.

Cranford, S. W., Tarakanova, A., Pugno, N. M., & Buehler, M. J. (2012). Nonlinear material behaviour of spider silk yields robust webs. *Nature, 482*, 72–76.

Csíkszentmihályi, M. (2008). *Flow: The psychology of optimal experience*. New York: Harper.

Dewey, J. (2009). *Democracy and education:An introduction to the philosophy of education*. Seattle,WA: CreateSpace.

Donoghue, G., & Hattie, J. A. C. (in review). Learning strategies: A meta-analysis of Dunlosky et al. (2013).

Dweck, C. (2012). *Mindset: How you can fulfill your potential*. New York: Random House.

Dweck, C. (2015). Carol Dweck revisits the 'growth mindset'. *Education Week, 35*(5), 20–24.

Dweck, C. (2017). *Mindset: Changing the way you think to fulfil your potential*. New York: Hachette.

Eells, R. (2011). Meta-analysis of the relationship between collective efficacy and student achievement. Unpublished Ph.D dissertation. Loyola University of Chicago.

Endres, A., & Martiensen, J. (2007). *Mikroökonomik – Eine integrierte Darstellung traditioneller Praxis und moderner Konzepte in Theorie und Praxis*. Stuttgart: Kohlhammer.

Fishbein, M., & Ajzen, I. (1975). *Belief, attitude, intention, and behavior*. Reading, MA: Addison-Wesley.

Fisher, D., Frey, N., & Farnan, N. (2004). Student teachers matter: The impact of student teachers on elementary-aged children in a professional development school. *Teacher Education Quarterly, 31*(2), 43–56.

Flanders, N. A. (1970). *Analyzing teacher behavior* (pp. 100–107). Boston, MA:

Addison-Wesley P. C.

Friere, P. (2000). *Pedagogy of the oppressed*. London: Bloomsbury Publishing.

Gan, J. S. M. (2011).The effects of prompts and explicit coaching on peer feedback quality. Unpublished PhD dissertation. University of Auckland.

Gardner, H., Csíkszentmihályi, M., & Damon,W. (2001). *Good work:When excellence and ethics meet*. Zus. mit Howard Gardner and William Damon. New York: Basic Books.

Gardner, H., Csíkszentmihályi, M., & Damon,W. (2005). *Good work*. Stuttgart: Klett.

Good, T. L., & Brophy, J. E. (2007). *Looking in classrooms* (10th ed). London: Pearson.

Guskey,T. R. (2010). Lessons of mastery learning. *Educational Leadership*, *68*(2), 52.

Haimovitz, K., & Dweck, C. S. (2016). What predicts children's fixed and growth intelligence mind-sets? Not their parents' views of intelligence but their parents' views of failure. *Psychological Science*, 0956797616639727.

Hattie, J. (1992). *Self-concept*. Hillsdale, NJ: Lawrence Erlbaum Associates.

Hattie, J. (2009). *Visible learning*. London: Routledge.

Hattie, J. (2012). *Visible learning for teachers*. London: Routledge.

Hattie, J. (2013). *Lernen sichtbar machen*. Baltmannsweiler: Schneider.

Hattie, J. (2014). *Lernen sichtbar machen für Lehrpersonen*. Baltmannsweiler: Schneider.

Hattie, J. (2015). *Lernen sichtbar machen aus psychologischer Perspektive*. Baltmannsweiler: Schneider.

Hattie, J., & Donoghue, G. (2016). Learning strategies: A synthesis and conceptual model. *Nature: Science of Learning*, *1*. doi:10.1038/npjscilearn.2016.13. www.nature.com/articles/npjscilearn201613.

Hattie, J., & Masters, D. (2011). *The evaluation of a student feedback survey*. Auckland: Cognition.

Hattie, J., & Timperley, H. (2007). The power of feedback. *Review of Educational Research*, *77*(1), 81–112.

Hattie, J., & Yates, G. (2015). *Visible learning and the science of how we learn.* New York: Routledge.

Hattie, J., & Zierer, K. (2017). *Kenne deinen Einfluss! "Visible Learning" für die Unterrichtspraxis.* Baltmannsweiler: Schneider.

Helmke, A. (2010). *Unterrichtsqualität und Lehrerprofessionalität. Diagnose, Evaluation und Verbesserung des Unterrichts.* Stuttgart: Klett.

Herbart, J.F. (1808). *Allgemeine Pädagogik aus dem Zweck der Erziehung abgeleitet.* Bochum: Kamp.

Keller, J. (2010). *Motivational design for learning and performance.* The ARCS Model Approach. London: Springer.

Kiel, E., Keller-Schneider, M., Haag, L., & Zierer, K. (2014). *Unterricht planen, durchführen, reflektieren.* Berlin: Cornelsen.

King, Martin L., Jr. (1963)."I Have a Dream." Speech. Lincoln Memorial, Washington, D. C. 28 Aug. 1963.

Klafki, W. (1996). *Neue Studien zur Bildungstheorie und Didaktik – Zeitgemäße Allgemeinbildung und kritisch-konstruktive Didaktik, 5., unveränderte Auflage.* Weinheim/ Basel: Beltz.

Korpershoek, H., Harms, T., de Boer, H., van Kuijk, M., & Doolaard, S. (2016). A meta-analysis of the effects of classroom management strategies and classroom management programs on students' academic, behavioral, emotional, and motivational outcomes. *Review of Educational Research, 86*(3).

Lipsey, M., & Wilson, D. (2001). *Practical meta-analysis.*Thousand Oaks, CA: Sage.

Littleton, K., Mercer, N., Dawes, L.,Wegerif, R., Rowe, D., & Sams, C. (2005). Talking and thinking together at key stage 1. *EarlyYears, 25*(2), 167–182.

Lomas, J. D., Koedinger, K., Patel, N., Shodhan, S., Poonwala, N., & Forlizzi, J. L. (2017, May). Is Difficulty Overrated?: The Effects of Choice, Novelty and Suspense on Intrinsic Motivation in Educational Games. In *Proceedings of the 2017 CHI Conference on Human Factors in Computing Systems* (pp. 1028–1039). Denver, CO: ACM.

Mager, R. (1997). *Preparing instructional objectives: A critical tool in the effective performance*. London: Kogan Page.

Martin, A. J. (2012). The role of personal best (PB) goals in the achievement and behavioral engagement of students with ADHD and students without ADHD. *Contemporary Educational Psychology, 37*(2), 91–105.

Martin, A. J., Collie, R. J., Mok, M., & McInerney, D. M. (2016). Personal best (PB) goal structure, individual PB goals, engagement, and achievement: A study of Chinese- and English-speaking background students in Australian schools. *British Journal of Educational Psychology, 86*(1), 75–91.

Merrill, M. D. (2002). First principles of instruction. *Educational Technology Research and Development, 50*(3), 43–59.

Mesmer-Magnus, J., Glew, D. J., & Viswesvaran, C. (2012). A meta-analysis of positive humor in the workplace. *Journal of Managerial Psychology, 27*(2), 155–190.

MET (2010). Learning about teaching. Bill & Melinda Gates Foundation.

Meyer, H. L. (2013). *Was ist guter Unterricht?* (9. Aufl.). Berlin: Cornelsen Scriptor.

Mischel, W. (2014). *The marshmallow test: Mastering self-control*. New York: Little Brown.

Mitchell, D. (2014). *What really works in special and inclusive education: Using evidence-based teaching strategies*. New York: Routledge.

Murphy, M. C., & Dweck, C. S. (2016). Mindsets shape consumer behavior. *Journal of Consumer Psychology, 26*(1), 127–136.

Nohl, H. (1970). *Die pädagogische Bewegung in Deutschland und ihre Theorie* (7. Aufl.). Frankfurt a.M.: Schulte-Bulmke.

Norton, M. I., Mochon, D., & Ariely, D. (2012). The IKEA effect: When labor leads to love. *Journal of Consumer Psychology, 22*(3) (July), 453–460.

Nuthall, G. A. (2007). *The hidden lives of learners*. Wellington: New Zealand Council for Educational Research.

Nystrand, M. (1997). *Opening dialogue: Understanding the dynamics of language and learning in the English classroom*. New York: Teachers College Press.

Paas, F. G., & Van Merriënboer, J. J. (1994). Variability of worked examples and transfer of geometrical problem-solving skills: A cognitive-load approach. *Journal of Educational Psychology*, *86*(1), 122.

Petty, G. (2014). *Evidence based teaching*. Oxford: Oxford University Press.

Ridley, M. (2010). *The rational optimist: How prosperity evolves*. New York: Harper Perennial.

Rubie-Davies, C. (2014). *Becoming a high expectation teacher: Raising the bar*. London: Routledge.

Rubie-Davies, C. (2016). *High and low expectation teachers*. Interpersonal and Intrapersonal Expectancies, 145.

Rutter, M., Maughan, B., Mortimore, P., & Ouston, J. (1980). *15 000 Stunden: Schulen und ihre Wirkung auf die Kinder*. Basel:Weinheim/Basel.

Scriven, M. (1967).The methodology of evaluation. In R.W.Tyler, R. M. Gagne, & M. Scriven (eds.) *Perspectives of curriculum evaluation*, pp. 39–83.AERA Monograph Series on Curriculum Evaluation, 1. Chicago, IL: Rand McNally.

Shayer, M. (1999). Cognitive acceleration through science education II: Its effects and scope. *International Journal of Science Education*, *21*(8), 883–902.

Shayer, M., & Adey, P. S. (1981). *Towards a science of science teaching*. London: Heinemann Educational Books.

Shayer, M., & Adey, P. S. (1993).Accelerating the development of formal thinking in middle and high school students IV:Three years after a two-year intervention. *Journal of Research in Science Teaching*, *30*(4), 351–366.

Sinek, S. (2009). *Start with why: How great leaders inspire everyone to take action*. New York: Penguin.

Snook, I., O'Neill, J., Clark, J., O'Neill, A. M., & Openshaw, R. (2009). Invisible learnings? A commentary on John Hattie's book:Visible learning: A synthesis of over 800 meta-analyses relating to achievement. *New Zealand Journal of Educational Studies*, *44*(1), 93.

Van den Bergh, L., Ros,A., & Beijaard, D. (2010). Feedback van basisschoolleerkrachten tijdens actief leren. de huidige praktijk. ORD-paper. ORD: Enschede.

Wernke, S., & Zierer, K. (2016). Lehrer als Eklektiker!? 58 Grundzüge einer

Eklektischen Didaktik. *Friedrich Jahresheft "Lehren"*.

▓ Wiliam, D., & Leahy, S. (2015). *Embedding formative assessment: Practical techniques for F-12 classrooms*. Cheltenham, VIC: Hawker Brownlow Education.

▓ Yeager, D. S., & Dweck, C. S. (2012). Mindsets that promote resilience: When students believe that personal characteristics can be developed. *Educational Psychologist, 47*(4), 302–314.

▓ Young, M. (2013). Overcoming the crisis in curriculum theory: A knowledge-based approach. *Journal of Curriculum Studies, 45*(2), 101–118.

▓ Zhu, X., & Simon, H.A.(1987). Learning mathematics from examples and by doing. *Cognition and Instruction, 4*(3), 137–166.

▓ Zierer, K. (2016a). Alles eine Frage der Technik? Erfolgreiches Lehren als Symbiose von Kompetenz und Haltung. *Friedrich Jahresheft "Lehren"*.

▓ Zierer, K. (2016b). *Hattie für gestresste Lehrer. Kernbotschaften und Handlungsempfehlungen aus John Hatties "Visible Learning" und "Visible Learning for Teachers"*. Baltmannsweiler: Schneider.

术语索引 *

---

* 各词条后所列数码，为英文版原著页码，即本书边码。黑体字表示术语位于该页专栏或表格中。斜体字表示术语位于该页图片中。